Dieses Buch ist meiner lieben Tochter Eva gewidmet, die mich in ihrer Jugend leider viel zu oft entbehren musste

Günter Biallawons

MEIN NORWEGEN

Land der Stille
Land des Lichts

Edition Rasch & Röhring

Impressum

Umwelthinweis:
Der Inhalt dieses Buches wurde auf Papier mit chlorfrei gebleichtem Zellstoff gedruckt. Das Einbandmaterial ist recyclebar.

Die Deutsche Bibliothek – CIP Einheitsaufnahme

Mein Norwegen
Land der Stille • Land des Lichts
Günter Biallawons. – Steinfurt: Tecklenborg Verlag, 2000
Edition Rasch & Röhring
ISBN 3-924044-85-6
NE: Biallawons, Günter

1. Auflage März 2000

Siemensstraße 4
D-48565 Steinfurt

Layout: Norbert Wessels, Steinfurt
Lithoherstellung: Druckhaus Tecklenborg

Printed in Germany by
Druckhaus Tecklenborg, Steinfurt

Auswahl und Übersetzung der Gedichte sowie der Nationalhymne aus dem Norwegischen: Petra Petersen
Abbildung Seite 107 unten: Hansgeorg Arndt
Quellenangaben für die Gedichte:
„Kantante Norge“ von Nordahl Grieg sowie „Tistlenes Sommer“ von Rolf Jacobsen: Gyldendal Norsk Forlag A/S, Oslo.
„Norsk kjaerleikssong“ von Tor Jonsson: Det Norske Samlaget, Oslo.
„Steinen“ von Inger Hagerup: H. Aschehoug & Co., Oslo.
Die vorliegende Ausgabe entstand in Zusammenarbeit mit der Deutsch-Norwegischen Freundschaftsgesellschaft e.V.

Verlag und Autor garantieren, dass es sich bei den Fotografien in diesem Werk um Originalaufnahmen handelt, die nicht digital verändert wurden.

ISBN 3-924044-85-6

Inhalt

Grußwort

Kjenner du fjorden, kjenner du folket – Kennst du den Fjord, dann kennst du die Menschen, schreibt der norwegische Dichter Bjørnstjerne Bjørnson.

Wir erleben oft, dass Reisende, die einmal in Norwegen waren, immer wieder dorthin fahren. Sie denken dabei nicht nur an die atemberaubenden jäh abfallenden Fjordfelsen, an das unendliche Spiel der Wolken oder das ungetrübte Tiefblau eines Sommerhimmels, an die Wellenbewegung der sanften und zugleich schroffen Vidda, an die Inselwelt und die Waldlandschaften – oft sind es auch die Begegnungen im Land, das Zusammenspiel von Natur und Kultur in Norwegen, die aus einem Reisenden einen Freund werden lassen.

Dieses Buch vermittelt etwas von den Reizen der Landschaft und der Kultur, wodurch vielleicht auch ein wenig von der Lebensart der Norweger verständlich wird – um aber die Leute wirklich kennen zu lernen, möchte ich Sie einladen, selbst unser Land zu besuchen.

Morten Wetland,
Botschafter der
Königlich Norwegischen Botschaft

Vorwort

Denkt man an Norwegen, denkt man an Kälte, schlechtes Wetter und unwirtliche Landschaften. Mehr und mehr Menschen erkennen freilich, dass diese Vorurteile völlig unbegründet sind. Die Gemeinde der „Norwegenfahrer" wird deshalb immer größer. Gerade den zivilisationsmüden Mitteleuropäer, den Liebhaber unberührter Natur und den Wanderer, der die Einsamkeit liebt, zieht es in das nördlichste Land Europas.

Wer öfter nach Norwegen fährt, hat ohnehin mit den herkömmlichen Reiseklischees und Gewohnheiten gebrochen. Hier gilt es nicht nacheinander Sehenswürdigkeiten abzuhaken. Grandiose Landschaften, liebliche Wiesen und tosende Wasserfälle laden den Besucher ein, den Weg, der oft genug das Ziel ist, in Ruhe zu genießen. Schließlich sind Ferien in Norwegen Urlaube für die Seele.

Die Deutsch-Norwegische Freundschaftsgesellschaft e.V. besteht bereits seit mehr als zehn Jahren und hat es sich zur Aufgabe gemacht, uns das Land von Edvard Grieg, Peer Gynt und Edvard Munch ein wenig näher zu bringen. In ehrenamtlicher Tätigkeit liegt den Mitgliedern daran, die gesellschaftlichen, kulturellen und touristischen Beziehungen zwischen Deutschland und Norwegen, dem Land der Fjorde und Trolle, zu fördern. Mit dem vorliegenden Buch ist es Günter Biallawons in hervorragender Weise gelungen, „sein Norwegen" mit Bildern und Texten vorzustellen. Eindeutig gilt seine besondere Liebe der Natur und der rauen Küste, dem tiefen Blau der Gletscher, den bunten Papageitauchern auf Runde oder den Rentierherden in der Finnmark. Wunderbare Fotos und einfühlsame Texte zeigen ein Stück der „heilen Welt" Norwegens, so wie die Norwegenfreunde dieses Land lieben. Somit wird dieses Buch zu einem Botschafter für alle Norwegenfans und solche, die es noch nicht sind.

Ich wünsche mir, dass dieses Buch dazu beiträgt, Erinnerungen an schöne Reisen in dieses Land lange wach zu halten, neue Norwegen-Freunde zu gewinnen und – ganz im Sinne von Mark Twain – Vorurteile abzubauen.

Franz Thönnes (MdB),
1. Vorsitzender
Deutsch-Norwegische
Freundschaftsgesellschaft e.V.

Norge

Blaugrau und schäumend rollt das Meer
gegen einen wetterharten Strand.
Der Fischer bringt ein vereistes Schleppnetz
in Ordnung, stößt ab vom Land.
Das ist Norwegen.

Die Menschen eilen in der Morgendämmerung
durch das Grau der Straßen.
Wenn die Dämmerung sich wieder herniedersenkt
eilen sie heim.
Das ist Norwegen.

Windstöße von den öden Hochflächen
fegen über den Ackerrain.
Hier wurde eine ärmliche Hütte gebaut,
beugte sich ein Mann.
Das ist Norwegen,
Norwegen, unser Land!

Aber es ist mehr!
Tritt heraus aus der Armseligkeit deiner Umgebung!
Ein Sturmwind, ein Licht … So begegnet dir das Land!
Die Augen, die das wahrnehmen, beginnen zu leuchten!

Ja, hier ist es ärmlich.
Aber hinter knospenden Baumkronen
glitzert ein Gletscher,
und die Wasserfälle versprühen Millionen
schäumender Tropfen,
und der Sonnenschein zittert
daunenwarm in der Luft!

Ja, hier ist Traurigkeit.
Aber der Duft der Vogelbeerbaumblüten
lässt die Herzen höher schlagen,
und die Hochebene hat sprühende Jugend
in der Luft,
die wie ein Unwetter aus strahlender Bläue
den Äther erfüllt.

Ja, hier ist Enge.
Aber die Schwäne vergnügen sich
zwischen den Eisschollen von Karasjok.
Über dem Skagerrak segeln umherspähende Möwen.
Ein Rauschen ist zwischen ihnen,
wie eine Ewigkeit lang.

Ja, hier ist Streit …
So rief es in überschäumender Freude
vom Berge herab
in Wälder und Fjorde und über Inseln dort unten:
Alles kann ich entbehren, aber das Land ist mein!

Nordahl Grieg

Norge

Blygrå og skavlet går sjøen mot
en veirhård strand.
Båtlaget steller en iset not,
skyver fra land.
Dette er Norge.

Menskene gråner i gatens gry
av mørket frem.
Når mørket sænker sig ned påny,
gråner de hjem.
Dette er Norge.

Gufs fra viddenes øde står
mot teigens rand.
Her reistes en stue i arme kår,
bøides en mand.
Dette er Norge,
Norge, vårt land.

Men det er mer!
Løft fra de fattige dage din pande!
Et stormsus, et lys … Slik møter du landet!
Som smil og som stål blir de øine som ser!

Ja, her er armt!
Men brælyset glittrer bak knoppslørte kroner,
og fossene springer i skum-millioner,
og solskinnet skjælver så dunung-varmt!

Ja, her er armt!
Men hegger gør hjertene blodrø av duften
og vidden har gnistrende ungdom i luften
som går lik et uveir av brusende blått!

Ja, her er trangt!
Men svanene spiller fra Karasjoks råker.
I Skagerak seiler de speidende måker.
Et sus går imellem, så evighetslangt.

Ja, her er stridt!
Så skrik da fra varden i stormnaken glæde,
til skoger og fjorder og øer dernede:
Alt kan jeg miste, men landet er mitt!

Gjennem en øde og frysende natt
søker to elskende sammen.
Større blir flammen,
når natten er bitterlig stor og forlatt.
Slik søker vårt hjerte mot Norges hjerte,
slik flammer i kulden og stormen en brand:
her er der to gjennem lyst eller smerte –
vi og vårt land!

Norge i våre hjerter!
Lev, o fædreland der!
Der skal du duve i ømhet
som blæsten i sommerbøen!

Nordahl Grieg

„Ja, vi elster dette Landet…“ „Ja, wir lieben dieses Land…“

Mit diesen schönen Worten beginnt die Norwegische Nationalhymne von Bjørnstjerne Bjørnson, der als erster norwegischer Dichter im Jahre 1903 den Nobelpreis für Literatur erhielt. Tatsächlich hat der Reisende oft genug das Gefühl, dass die Norweger ihr Land wirklich lieben. An jedem Haus und jeder Hütte steht ein Mast. Und an Sonn- und Feiertagen, zu Festlichkeiten oder auch nur so wird eine Flagge gehisst. Am 17. Mai, dem norwegischen Nationalfeiertag, ist (fast) ganz Norwegen ein Flaggen- und Fahnenmeer und die Bevölkerung ist auf den Beinen, um ihre Nation und vor allem sich selbst zu feiern.

Das Land hat eine wechselvolle Geschichte. 900 n. Chr. erhielt es erstmals ein eigenes Reichsgebiet. 1066 scheiterte der Versuch England zu vereinnahmen. Eine Pestepedemie im Jahre 1350 halbierte die Bevölkerung. Das Land wurde wechselseitig entweder von Dänemark oder von Schweden regiert oder mitregiert. Im Mittelalter hatten die Hanseaten das Sagen, weil Norwegen von den Getreideimporten aus dem Süden abhängig war. Während des 16., 18. und 19. Jahrhunderts tobten heftige Kriege. 1814 wurde Norwegen von den Dänen an Schweden abgetreten. Am 17. Mai dieses Jahres gaben die Norweger sich eine eigene liberale Verfassung und wählten einen König. Der musste zwar unter dem Druck Schwedens zurücktreten, aber die neue eigene Verfassung blieb.

Schließlich kam es 1905 zu einer Volksabstimmung. Die überwiegende Mehrheit entschied sich gegen die schwedische Fremdherrschaft, was den Schweden gar nicht behagte. Seitdem wird der 17. Mai als Nationalfeiertag freudig begangen.

VOKSEN SKOLE

Nationalhymne des Königreiches Norwegen

Strophen 1, 5 u. 6

Ja, wir lieben dieses Land,
wie es zerklüftet und verwittert mit seinen
tausend Heimen aus dem Meer emporsteigt.
Wir lieben es und denken an Vater und Mutter
und an die Saganächte, die Träume
über unser Land senken.

Norweger in Haus und Hütte
dank deinem großen Gott!
Das Land wolltest du beschützen –
und die Aussichten standen schlecht.
Alles, was die Väter erkämpft
und die Mütter erlitten haben
hat der Herr in der Stille gemildert,
und so gewannen wir unser Recht.

Ja, wir lieben dieses Land,
wie es zerklüftet und verwittert mit seinen
tausend Heimen aus dem Meer emporsteigt.
Und wie durch der Väter Kampf
Not in Sieg verwandelt wurde,
so wollen auch wir, wenn es verlangt wird,
für ihren Frieden das Lager aufschlagen.

Bjørnstjerne Bjørnson

Ja, vi elsker dette landet, som det stiger frem,
furet, værbitt over vannet, med de tusen hjem,
elsker, elsker det og tenker på vår far og mor og den
saganatt som senker drømme på vår jord, og den
saganatt som senker, senker dårmme på vø jord.

Norske mann i hus og hytte,
takk din store Gud!
Landet ville han beskytte,
skjønt det mørkt så ut.
Alt hva fedrene har kjempet,
mødrene har grett,
har den Herre stille lempet,
så /: vi vant :/ vår rett.

Ja, vi elsker dette landet,
som det stiger frem,
furet, værbitt over vannet,
med de tusen hjem.
Og som fedres kamp har hevet
det av nød til seir,
også vi, når det blir krevet,
for /: dets fred :/ slår leir.

Bjørnstjerne Bjørnson.

Im Vigelandspark

Den 17 Meter hohen Monolithen zieren 121 Skulpturen von Menschen aller Altersgruppen. Wie eine Spirale windet sich die Menschensäule empor; von unten nach oben, von der Erde zur Sonne, vom Dunkel zum Licht

Es ist eine warme Sommernacht, die letzte Stunde des Tages ist angebrochen. Das nördliche Zwielicht taucht alles in ein seltsames, rosa-orange-farbenes Licht. Die Sonne ist zwar untergegangen, aber es wird dennoch nicht dunkel. Aus einem Kofferradio ertönt Musik und zwischen überlebensgroßen steinernen Figuren tanzen verliebte Paare zu südamerikanischen Tangoklängen. Die Musik ist leise und verliert sich in der Luft, so dass das Schlurfen der Schuhe auf dem steinernen Boden zu hören ist. Zwischen den großen Granitfiguren sitzen vereinzelt Paare, schauen den Tänzern zu oder tun das, was Verliebte in lauen Sommernächten so tun. Die ganze Stimmung hat etwas unwirklich Märchenhaftes, zumal die Figuren auf ihren Sockeln das seltsame, mitternächtliche Treiben nachdenklich zu beobachten scheinen.

Wir befinden uns im Vigelandspark, eine künstliche Oase im Herzen der Landeshauptstadt Oslo und eine besondere Attraktion nicht nur für Kunstfreunde. Der norwegische Künstler Gustav Vigeland (1869-1943) hat im Frogner-Park eine Skulpturenanlage geschaffen, die mehr als zwei Millionen Besucher jährlich anzieht. Auf einem Areal von ca. 32 Hektar sind in der geometrisch gestalteten Parklandschaft 212 Skulpturen, Objekte und mehr als 700 Figuren ausgestellt. Die Bürger der Stadt nutzen den Park als Naherholungsgebiet und Touristen aus aller Welt kommen hierher, um ein Stück norwegischer Lebensart kennen zu lernen. Im Gegensatz zu anderen norwegischen Künstlern wie Edvard Grieg, Henrik Ibsen oder Edvard Munch ist Vigeland im Ausland nicht sehr bekannt geworden. In Norwegen jedoch erfreut sich sein Werk ausgesprochener Beliebtheit und hat sich im Laufe der Zeit zu einem regelrechten Wallfahrtsort der Kunst- und Lebensfreude entwickelt.

Vigelands Anliegen war es, menschliches Leben in seiner ganzen Vielfalt, von der Geburt

Vater und Sohn, vertieft im fröhlichen Spiel –
höchstes Vergnügen für beide

bis zum Tod, darzustellen. In den Figuren aus Bronze und Stein ist es ihm gelungen, den Kreislauf des Lebens mit Freude und Leid, Jugend und Alter, Geburt und Ableben so zu veranschaulichen, dass der Besucher bereits bei der ersten Betrachtung ein inneres Übereinstimmen mit ihnen empfindet. Mehr als 40 Jahre verbrachte der Künstler mit der Planung und Realisierung des Parks. Zeitweise waren mehr als 30 Bildhauer damit beschäftigt, die Figuren nach seinen Ideen zu fertigen. Doch als Vigeland im Jahre 1943 starb, war der Park noch immer nicht fertig gestellt. Einige Figuren wurden erst nach seinem Tod in Bronze gegossen. So hat die Firma IBM erst im Jahr 1988 durch eine großzügige Spende den Guss der riesigen Bronzefigur „Das Geschlecht" ermöglicht.

Die größte Figur und Blickfang beim Betreten des Parks ist der „Monolith". Eine 17 Meter hohe, aus Granit gefertigte Säule zeigt 121 Menschen jeden Alters, vom Säugling bis zum Greis. Vigeland nannte sie „Die Menschensäule". Der Volksmund hat daraus den „Monolith" gemacht, weil die ganze Figur aus einem einzigen, riesigen Granitblock gefertigt wurde. Der Phantasie über die Aussage dieses Steins sind keine Grenzen gesetzt, zumal Vigeland niemals über Sinn und Zweck seiner Werke diskutiert hat. Er überließ die Interpretation ganz und gar dem Betrachter. Umgeben wird der Monolith von 36 Figurengruppen aus tonnenschwerem Granit.

Die bekannteste und beliebteste Figur befindet sich auf der „Brücke" und zeigt den „Trotzkopf" (Sinnataggen) inmitten weiterer 57 Figuren und Gruppen aus Bronze. Alle stellen Menschen in Alltagssituationen dar: Väter und Söhne im Spiel, Jugendliche beim Sport, Mütter, die ihre Kinder zärtlich auf dem Arm tragen, fröhliche Beziehungen zwischen Mann und Frau. Etwas versteckt steht ein kleiner, zorniger Knabe, ein Trotzkopf, der in jedem Menschen steckt und sich manchmal sogar bei Erwachsenen zeigt. Diese Figur ist bei Kindern besonders beliebt. Scharen von Besuchern stehen stets bei diesem kleinen Kerl, um ihn zu betrachten und sich mit ihm fotografieren zu lassen.

Diese weltberühmte, etwa einen Meter hohe Figur war vor einigen Jahren spurlos verschwunden. Eines Morgens war sie einfach weg. Ein Dieb hatte sie über Nacht abmontiert und mitgenommen. Während der folgenden Wochen war in ganz Norwegen Trauer angesagt. Über den Stand der polizeilichen Ermittlungen wurde in Rundfunk und Fernsehen laufend berichtet. Die Figur wurde nicht gefunden. Vielleicht hat der Dieb sich durch die Anteilnahme der Bevölkerung erweichen lassen. Vielleicht hatte er auch

In typischer Haltung zeigt dieser „Trotzkopf" (Sinnataggen) seinen Zorn. Es ist die beliebteste und bekannteste Figur des Parks. Es ist wohl die Erinnerung an die eigene Kindheit, die dazu führt, dass Menschen aus aller Welt gerne mit diesem kleinen Jungen fotografiert werden

Bäume und Menschen vereinigt – eine Symbiose von Mensch und Natur

nur ein schlechtes Gewissen, jedenfalls lag eines Morgens der „Trotzkopf" wieder an seinem Platz. Der „ehrliche Dieb" wurde aber nie gefunden. Seitdem kann der Trotzkopf wieder bewundert werden. Und der Betrachter wird stets aufs Neue an seine eigene Kindheit erinnert.

Etwas unterhalb des Eingangs zur „Brücke" befindet sich der „Kinderkreis". Inmitten des Platzes steht eine Bronzefigur, die einen voll entwickelten, aber noch ungeborenen Jungen darstellt. Wie im Mutterleib kurz vor der Geburt streckt er kopfüber sein Hinterteil nach oben. Um diesen Jungen in der Mitte sind weitere acht Figuren platziert, allesamt Kleinkinder in Posen, die für das erste Lebensjahr typisch sind. Vom vielen Anfassen und Streicheln sind bestimmte Körperteile regelrecht blank poliert und geben Rückschlüsse auf die emotionalen Befindlichkeiten der taktilen Betrachter. Hier ist ein Treffpunkt von jungen Müttern und ihren Kleinkindern, zum Erfahrungsaustausch und zum Angeben.

Die Fontäne ist ein riesiger Brunnen, der von den sechs Titanen getragen wird. Besonders eindrucksvoll sind die darum platzierten 20 Gruppen aus Bäumen und Menschen. Das Wasser als Symbol der Fruchtbarkeit, der Baum als Sinnbild des Lebens und die Menschen als eine Symbiose von Mensch und Natur. Da schwebt eine junge Frau zwischen Jugend und Erwachsensein, da wachsen Säuglinge an den Bäumen und alte Menschen umgeben sich mit Kindern. In einem Baum sitzt ein Junge und lauscht. Bei dieser Figur handelt es sich nach Aussagen des Künstlers um ein Selbstbildnis.

Aber nicht nur Touristen, Kunstfreunde und Ruhesuchende kommen im Vigelandspark auf ihre Kosten. Fotografen aus der ganzen Welt treibt es hierher, weil es bei den unterschiedlichen Lichtverhältnissen immer wieder eine faszinierende Herausforderung ist, die Figuren und ihre Besucher im Bild festzuhalten. Ständig wechselnde Farben, hervorgerufen durch das Wechselspiel von Wetter und Licht, Sonne und Regen, Schnee, Raureif und Nebel eröffnen stets neue Perspektiven und Blicke. Die beste Zeit ist ein eiskalter Wintermorgen, wenn die Bronzefiguren reifbedeckt im Licht der orangefarbenen Wintersonne stehen. In den frühen Morgenstunden hat man den Park für sich allein, ist völlig ungestört und kann seinen Gedanken nachgehen. Gedanken, die man durch Vigelands Kunstwerk inspiriert, mit nach Hause nimmt. Um alle Werke für die Nachwelt und vor allem der Bevölkerung der Stadt Oslo zu erhalten, trafen die Stadt und der Künstler eine wohl einmalige Vereinbarung: Die Stadt Oslo sollte das gesamte Werk Vigelands geschenkt bekommen, einschließlich aller Skizzen, Entwürfe und Gipsmodelle. Im Gegenzug erwartete Vigeland, dass die Stadt ein entsprechendes Grundstück zur Verfügung stellt und den Park uneingeschränkt der Bevölkerung zur Verfügung steht. Darüber hinaus sollte das Gesamtwerk des Künstlers stets zusammenbleiben. Die letzte Bedingung des Künstlers war, dass sein Atelier nach seinem Tod sein Mausoleum würde. In diesen mutigen Plan willigte die Stadt ein und ermöglichte damit ein außergewöhnliches, wunderbares Gesamtkunstwerk.

Der Vigelandspark ist wie jede Kunst nicht unumstritten, aber er ist einzigartig. Der Mensch ist in ihm nicht nur Betrachter. Er wird vielmehr durch die Verschmelzung von Kunst und Natur so in das Geschehen einbezogen, dass er zum lebenden Bestandteil wird. Er ist gleichzeitig Akteur und Beobachter. Der Park ist täglich 24 Stunden geöffnet, 365 Tage im Jahr. Die schmiedeeisernen Tore, ebenfalls Kreationen des Künstlers, stehen immer offen, und der Eintritt ist frei. Wenn man Glück hat, treffen sich ein paar Verliebte unterhalb des Monolithen inmitten der Granitfiguren, um zur Musik aus dem Kofferradio die ganze helle nordische Nacht hindurch Tango zu tanzen.

Wasser und Bäume, Symbole für Fruchtbarkeit und Erneuerung. Die „Fontäne", getragen von den sechs Titanen, wird von 20 Gruppen aus Bäumen und Menschen umrahmt

Stabkirchen – stille Zeugen einer bewegten Zeit

Oberes Bild: Honigfarbenes Holz und spärliches Licht sorgen für eine stille, mystische Stimmung in der neuen Stabkirche zu Gol

Das untere Bild zeigt die typischen Schnitzereien am Nordportal der Stabkirche in Urnes. Von einem unbekannten Künstler geschaffen, stammen sie wahrscheinlich aus einer früheren Kirche in Urnes

Im 9. Jahrhundert versuchte das Christentum seinen Siegeszug von Südeuropa über Mittel- nach Nordeuropa fortzusetzen. Den damaligen Herrschern im hohen Norden kam diese religiöse Strömung gerade recht. Ihre Untertanen waren ihnen zu selbstständig, sie glaubten an Odin und Donar, ihre vertrauten Götter, und schlimmer noch, sie neigten zu Ungehorsam. Missionare und Herrscher stießen auf erheblichen Widerstand in der nordischen Bevölkerung. Die Nordländer hatten nämlich bereits Ihre Götter, und mit denen waren sie zufrieden. Vor allem weil der Umgang mit ihnen recht praktisch und einfach war.

Da gab es Odin, den wichtigsten von allen, der die Erde geschaffen hatte, den Himmel, die Gestirne, die Luft und das Wasser und alles, was auf dieser Erde lebt. Odin war der „Allvater" und der Vater aller anderen Götter. Seine Frau hieß Frigg. Das „Asengeschlecht göttlicher Herkunft" stammt von ihnen ab. Thor war Odins Sohn. Dessen Frau hieß Sif, und sie war die schönste aller Frauen, nicht nur auf Erden, sondern im ganzen Universum. Die erste Frau schließlich hieß „Embla". Den Nordmännern war unverständlich, warum sie nun auf einmal Eva heißen sollte.

Frey war nicht nur der Gott der Fruchtbarkeit, sondern auch für das Wetter zuständig. Ihn bat man um eine gute Ernte, um Wohlstand und Frieden. Freya war die Liebesgöttin, und es war hilfreich, sie in diesbezüglichen Angelegenheiten anzurufen. All diese Götter machten den Menschen im Norden keine Vorschriften oder legten ihnen gar Verpflichtungen auf. In unserer Sprache sind sie noch heute gewärtig. So hat der Dienstag seinen Namen nach dem Gott „Tyr",

Die Stabkirche in Borgund aus dem 12. Jahrhundert. Sie ist dem heiligen St. Andreas geweiht und die bekannteste und am besten erhaltene Holzkirche

der Freitag ist nach Frey benannt und am bekanntesten ist wohl der Gott Donar (Donnergott), von dem unser Donnerstag den Namen hat.

König Haakon, genannt „Der Gute“ (935-960), war der Erste, der die neue Glaubenslehre aus dem fernen Süden unterstützte. Niemand hörte auf ihn. Olaf Tryggvasson war sein Nachfolger und versuchte mit Unterdrückung, Bestechung und militärischer Stärke den Untertanen die Segnungen der neuen Götter nahezubringen. Ohne Erfolg. Erst Olaf III., genannt „Der Stille“ (1033-1093), gründete Bistümer und ließ die ersten Gotteshäuser bauen. Er hoffte, dass die schönen, neuen Bauten, die größer waren als alles, was bisher im Norden zu sehen war, schon dazu führen würden, den starrköpfigen Bauern und Fischern klar zu machen, dass es keine größere Herrlichkeit als Christus den Herrn gäbe – sofern die Autorität und die Größe des Königs dadurch nicht in Frage gestellt würde.

Tatsächlich liegen die Ursprünge der Stabkirchen dieser sakralen Bauwerke aus Holz etwa 1.000 Jahre zurück. Allerdings bleibt zunächst die ernüchternde Tatsache, dass keines der damaligen Bauwerke älter wurde als 100 Jahre. Ihre Wände bestanden aus senkrecht gestellten Holzpfosten, sogenannten Stäben (stav), sie wurden einfach in die Erde gerammt. Die Erdfeuchtigkeit ließ diese Pfosten in kurzer Zeit

Chor der Stabkirche zu Øye. Sie wurde an einem 29. September geweiht. Das Jahr ist nicht bekannt. Das Kruzifix stammt aus dem 14. Jahrhundert

Einträchtig beieinander: christliche und heidnische Symbole, über dem Seiteneingang der neuen Stabkirche zu Gol, die am 10. Juli 1994 eingeweiht wurde. Das Original dieser Kirche steht im Freilichtmusum Bygdøy bei Oslo

Die Lom-Stabkirche aus den 12. Jahrhundert wurde mehrmals umgebaut. Erst 1933 hat sie ihr ehemaliges Aussehen wieder erhalten. „Prachtvoll und schön am Sandwall des Otta-Flusses gelegen, wird sie heute, wie bereits vor mehr als 800 Jahren, von der Gemeinde als Hauptkirche genutzt."

Die Firstreiter (Drachenköpfe) der Stabkirche in Lom. Es sind Kopien, die Originale befinden sich in Lillehammer in De Sandvigske Samlinger

Altarraum der Stabkirche in Lomen. Sie soll zwischen 1180 und 1250 erbaut worden sein. Am 17. Mai und am 29. Juni werden Gottesdienste abgehalten. Daneben wird sie gern für Familienfeiern wie Hochzeiten und Taufen genutzt

vermodern. Das gesamte Bauwerk stürzte ein. Bei der Nachfolgegeneration setzte man eine neue Technik ein: Man baute zunächst einen Rahmen aus Holz, der dann auf Steinpyramiden gelegt wurde, und darauf baute man dann die Kirche. So war das Gebäude gegen Feuchtigkeit von unten geschützt und das Holz hielt wesentlich länger, teilweise bis in unsere Zeit. Wenn der Besucher heute ehrfurchtsvoll eine Stabkirche betrachtet und sich von der einmaligen mystischen Stimmung einfangen lässt, dann handelt es sich immer um eine Kirche, die im Laufe der Jahrhunderte zumindest teilweise immer wieder verändert, den Gegebenheiten angepasst und oftmals sogar an einen anderen Platz gebracht worden ist. Manchmal musste eine Kirche an einen privaten Interessenten verkauft werden, weil die Gemeinde selbst zu arm war um den Unterhalt oder die Renovierung finanzieren zu können. Bildnisse in den Kirchen zeugen noch heute von der Großzügigkeit dieser „Sponsoren".

Die sturen Nordländer ließen nicht ohne weiteres von ihren alten Göttern. Ob die neue Religion die richtige wäre, musste sich schließlich erst beweisen. So kann man heute bei vielen Stabkirchen sowohl christliche als auch heidnische Symbole betrachten – einträchtig und friedlich nebeneinander. Entweder waren es weise Bauherren oder Bischöfe, die so entschieden, oder man wollte einfach nur sicher sein, die richtigen Götter zu verehren. Die Stabkirche bei Borgund ist ein eindrucksvolles Beispiel dafür, wie heidnische Drachenköpfe die darunter angebrachten christlichen Kreuze beherrschen. Die Drachenköpfe auf den Dächern und die aus Holz geschnitzten Schlangen an den Portalen sind alte Wikingersymbole, die die bösen Geister verjagen sollten. Während die heidnischen Symbole bereits beim Bau der Kirche kunstvoll geschnitzt wurden, ließ man die Holzkreuze erst später anbringen. Vielleicht als sichtbares Zeichen der Versöhnung Gottes mit den Menschen.

Der lutherische christliche Glaube hat sich in Norwegen weitestgehend durchgesetzt, und im Land verteilt gibt es noch 29 Stabkirchen von ehemals etwa 800 bis 1.000 im Jahre 1300 – eindrucksvolle Zeugen einer bewegten Vergangenheit. Es sind die ältesten Holzbauwerke Europas.

Der interessierte Besucher muss etwa 2.000 Kilometer durch Norwegen reisen, wenn er sie alle besuchen will. Aber es lohnt sich. Schon beim Eintritt spürt der Besucher die ruhige, geheimnisvolle Stimmung in dem meist fensterlosen Kirchenraum. In einige Kirchen wurden später Fenster eingebaut. An das schwache Licht muss man sich erst gewöhnen. Lediglich durch unter dem Dach angebrachte kleine Öffnungen erhellt das Tageslicht den Altarraum. Meist

For Prædiken.
Efter Prædiken.
65
268
493
86
542

herrscht absolute Stille. Hat man den richtigen Sonnenstand erwischt, erhellt ein Sonnenstrahl das schlichte Holzkreuz über dem Altar oder beleuchtet die jahrhundertealten Bilder. Eine Stimmung, die zur Meditation oder zum stillen Gebet einlädt.

Die Stabkirche in Borgund steht inmitten einer typisch norwegischen Bergwelt. Sie ist die zweitälteste aller erhaltenen Stabkirchen und die meistbesuchte. Viele dieser Gotteshäuser aus Holz sind nach ihrem Vorbild gebaut worden. Ein überdachter Gang (Svalgang) führt rund um die Kirche. Hier konnten die Gläubigen, die keinen Platz mehr in der Kirche gefunden hatten, am Gottesdienst teilnehmen. Auch Pilger nutzten diesen Gang, um betend um die Kirche herumzugehen und sie so in „Besitz" zu nehmen. Der hölzerne Kirchenbau in Borgund hat bisher mehr als 800 Jahre überdauert.

Eng schmiegen sich die Gräber an die alten, hölzernen Kirchengebäude. Gerade so, als ob sie den Schutz oder die Nähe Gottes suchten. Oben: Stabkirche zu Nore, rechts: Stabkirche zu Uvdal

Die größte Stabkirche steht in Heddal. Sie mußte vor 150 Jahren von Grund auf renoviert werden. Ursprünglich befanden sich kleine, runde Öffnungen in den Außenwänden. Durch diese Löcher soll den Gläubigen außerhalb der Kirche das Abendmahl gereicht worden sein. Zu ihnen zählten Menschen, die an „ansteckenden Krankheiten" litten, oder „Arme", denen der Zutritt zum Kirchenraum verwehrt war. An den Innenwänden sieht man Hunderte von Messereinstichen. Den Kirchenbesuchern war es verboten, Waffen mitzunehmen, doch ein richtiger Norweger ließ sich niemals sein Messer abnehmen. Praktischerweise wurde dieses deshalb mit der Spitze in die Holzwand gesteckt und diente während des Gottesdienstes als Huthaken.

Die älteste noch erhaltene Stabkirche steht in Urnes, direkt am Sognefjord 120 Meter über dem Meeresspiegel auf dem kargen Urneset. Sie wurde Anfang des 12. Jahrhunderts erbaut. Man erreicht die Urnes stavkirke mit einer winzigen Fähre, die mehrmals täglich ab Solvorn verkehrt. Denselben „Seeweg" nahmen bereits die Menschen, die nach der Wikingerzeit hierher kamen um gemeinschaftlich zu beten. Nicht geklärt ist der Weg zweier besonders schöner Kerzenständer aus dem 13. Jahrhundert, die aus Limoges stammen. Die meisten Stabkirchen werden auch heute noch für den sonntäglichen Gottesdienst genutzt. Besonders beliebt sind sie bei Brautpaaren, die sich hier ihr Jawort geben. Dann tragen Hochzeitspaar und Gäste alter Tradition folgend ihre historischen Trachten und jeder wünscht sich, die Ehe möge genauso beständig sein wie das Bauwerk indem sie geschlossen wurde. So mag sie gute und schlechte Tage, Stürme und Unwetter gleichermaßen überdauern, so wie es der stavkirke bis heute gelungen ist.

Inmitten der norwegischen Bergwelt steht die Stabkirche zu Øye. Sie wurde 1747 abgerissen und in den Jahren 1960 bis 1965 unter Verwendung von 156 noch erhalten gebliebenen Holzteilen neu aufgebaut

Die Papageitaucher auf Runde – das Naturwunder im Atlantik

Das unbeholfen anmutende Landemanöver des Neuankömmlings wird skeptisch beobachtet. Schließlich sind die aussichtsreichsten Plätze immer vergeben. Gegebenenfalls wird der Platz mit sanfter Gewalt verteidigt

Jedes Jahr im Frühling findet auf der Insel Runde, mitten im sturmgepeitschten Atlantik ein einzigartiges Schauspiel statt. Schätzungsweise 500.000 bis 800.000 Seevögel suchen hier ihre Nistplätze auf, um ihren Nachwuchs auszubrüten und großzuziehen. Allerdings bleiben sie nur so lange hier, bis die Vogelkinder soweit sind um selbst für Nahrung zu sorgen. Dann verschwinden alle wieder und auf Runde ist zehn Monate lang Ruhe.

Runde ist die größte und südlichste Vogelinsel Skandinaviens. Sie liegt an der Westküste Norwegens und ist über ein Dutzend Brücken zu erreichen. Die geografisch günstige Lage – der Golfstrom hält das Wasser warm – und das Futterangebot sind wohl die Gründe für dieses spektakuläre Vogeltreffen.

Die bekanntesten unter den Vögeln sind zweifellos die buntschnabeligen Papageitaucher. Doch sie sind nicht die einzigen Gäste. Dreizehenmöwen, Eissturmvögel, Sturmmöwen, Raubmöwen, Trottellummen, Austernfischer, Mantelmöwen, Basstölpel, Silbermöwen, Graugänse, Eiderenten, Mittelsäger, Krähenscharben und weitere Vogelarten teilen sich den ziemlich engen Lebensraum auf Runde.

Die Platzverhältnisse sind streng geregelt. Ganz unten, im Erdgeschoss sozusagen, wohnen die Krähenscharben, schwarze, kormoranähnliche Vögel, mit den Alken in friedfertiger Nachbarschaft. Darüber leben in einer Ebene Dreizehenmöwen mit Trottellummen zusammen. Darüber wiederum nisten sich die Basstölpel ein. Je weiter man nach oben kommt, umso größer wird das Gedränge. In 250 Meter Höhe haben sich die Papageitaucher eingemietet. Etwa 100.000 Paare sollen es sein, die in waagerechten Höhlen von ein bis zwei, teilweise bis zu fünf Meter Tiefe ihr Junges ausbrüten und versorgen.

Wer sich nicht an den ungeschriebenen Mietvertrag hält, wird unweigerlich des Platzes

Stundenlang sitzen sie auf den Felsvorsprüngen, dösen vor sich hin oder „schwatzen" miteinander

verwiesen. Oft genug kommt es zum Streit. In einer Situation allerdings sind sich alle einig: Sollte sich eine Raubmöwe oder ein Seeadler am Himmel zeigen, gibt es ein Riesenspektakel, damit möglichst alle vorgewarnt sind.

Während der Brutzeit herrscht Ruhe in der Kolonie der Papageitaucher. Das einzige Ei wird wechselweise von beiden Elternteilen bebrütet. Allenfalls ist ein leises „Knurren" der brütenden Vögel zu vernehmen. Papageitaucher gehören zu Gruppe der Alkenvögel und sind ein ausgesprochen soziales Völkchen. Sollte, aus welchen Gründen auch immer, das Brutgeschäft von den Eltern nicht fortgesetzt werden können, übernimmt umgehend ein anderer Vogel diese Aufgabe. Einer der jungen Vögel, der noch keinen Partner abbekommen hat und sonst bis zum nächsten Jahr warten müsste.

Wenn nach 35 bis 40 Tagen Brutzeit das Junge geschlüpft ist, wird es lebendig auf dem Felsen. Es will schließlich gefüttert werden. Dann sind die clownartigen Vögel unterwegs um nach Beute zu jagen. Bis zu 60 Meter tief tauchen sie, um kleine Fischchen – Heringe und Sandaale – in ihrem Schnabel zu sammeln. Dabei „fliegen" sie mit ihren kurzen Stummelflügeln regelrecht durch das Wasser indem sie die gleichen Flugbewegungen machen, als ob sie sich durch die Luft bewegen. Zurück von ihren Jagdausflügen haben sie den Schnabel voller kleiner, glänzender Fischchen, fein aneinander gereiht im Schnabel, um sie ihrem hungrigen Nachwuchs zu bringen.

Manchmal sieht man auch einen einsamen Vogel mit einem Schnabel voller Nistmaterial aufgeregt auf dem Felsen herumlaufen. Meist handelt es sich um einen männlichen Jungvogel, der – noch nicht ganz erwachsen – in diesem Jahr partnerlos geblieben ist. Er möchte auch

Austernfischer trifft man nahezu an allen europäischen Küsten. Sie sind ausgezeichnete Schauspieler. Mit lauten Tschäck-Tschäck-Rufen ziehen sie die Aufmerksamkeit auf sich. Auf diese Weise täuschen sie ihre Feinde und lenken von ihrem Nachwuchs ab

gern am Brutgeschäft teilhaben und versucht nun durch dieses Nistmaterialangebot doch noch eine Partnerin zu finden. So ein Ansinnen ist jedoch regelmäßig vergeblich, es sind ja nicht nur alle Damen vergeben, sondern sie sind ja auch noch damit beschäftigt, den Nachwuchs auszubrüten oder das bereits geschlüpfte Junge zu versorgen.

Auf dem 300 Meter hohen, steil abfallenden Vogelfelsen herrscht ein stetes Kommen und Gehen. In Gruppen sitzen die Vögel auf den Felsvorsprüngen und schwatzen miteinander. Jeder Platz ist besetzt. Ein Neuankömmling muss sich erst wieder einen Platz erobern. In regelmäßigen Abständen, wie auf ein geheimes Kommando, fliegt ein riesiger Schwarm in den Himmel und umkreist den Flugfelsen um anschließend Kurs auf das Meer zu nehmen. Dann dauert es nicht lange und alle Plätze sind von anderen Vögeln wieder besetzt. Man hat den Eindruck, als ob der Platz nicht für alle ausreicht und deshalb stets die Hälfte aller Vögel auf dem Meer und im Wasser unterwegs ist.

Nachts machen die Jungen ihre Flugversuche. Und dann eines Morgens, etwa Anfang bis Mitte Juli, wenn die Flugkünste ausreichen und der Nachwuchs sich selbst ernähren kann, sind alle Papageitaucher wieder verschwunden. Dann fliegen sie nach Norden in die unendlichen Weiten des Atlantiks und leben in ihrer eigentlichen Heimat, und die ist das offene Meer. Da leben sie in Scharen, wiegen sich auf den Wellen, balzen und kommen im Frühling wieder auf Landurlaub nach Runde. Dann werden die alten Höhlen gereinigt und wieder belegt um darin erneut zu brüten. Dieses Wunder der Natur kann man auf Runde miterleben. Die Insel steht freilich unter absolutem Schutz, zumindest während der Brutzeit. Es ist nicht gestattet, die

Wege zu verlassen, da bereits seit 1981 auch die Pflanzenwelt und die Geologie der Insel unter Naturschutz steht, um die Vogelwelt vor neugierigen Menschen zu schützen. Die aufgestellten Verbotsschilder sollte man keinesfalls missachten. Es gibt auch so genügend Möglichkeiten die Vögel aus nächster Nähe zu beobachten.

Nach einem einigermaßen anstrengenden Aufstieg, an Schlechtwettertagen empfehlen sich Gummistiefel, hat man die Möglichkeit die Insel über einen Rundweg zu erkunden. Beim Kaldekloven gibt es einen ziemlich steilen Abstieg. Hier ist es erlaubt, durch das Vogelschutzgebiet hindurch bis hinunter zum Meer zu klettern. Nach dem Abstieg und der Überwindung von etwa 250 Metern Höhenunterschied kommt man direkt an den Kolonien der Papageitaucher vorbei. Unten angekommen befindet man sich inmitten des Brutgebietes der Dreizehenmöwen. Tausende von Vogelpaaren haben ihre Nester direkt an die senkrechte Felswand gebaut. Der ankommende Besucher wird mit einem Riesenspektakel begrüßt. Meist ist man hier mit sich und der Natur allein. Allein schon wegen des anstrengenden Abstiegs.

Daneben gibt es die Möglichkeit, die Insel mit einem Fischerboot zu umrunden. Im Runde Café erhält man Auskünfte über die Abfahrtszeiten. Ein ehemaliger Fischer organisiert die

unvergesslichen Rundtouren und fährt die Besucher in drei Stunden einmal um die Insel herum und erzählt alles Wissenswerte über Land und Leute, die Geschichte und vor allem über „seine" Vögel.

Es ist kein Geheimnis, dass die Meere mittlerweile rücksichtslos ausgebeutet und leer gefischt werden. Dazu kommen andere Gefahren der Umweltzerstörung wie Ölbohrungen und Öltransporte mit riesigen Frachtern. Dies gilt in besonderem Maße für den Lebensraum der Meeresvögel. Ein leichter, für den Menschen kaum sichtbarer Ölfilm auf dem Wasser oder

Aufgeregt und demonstrativ trägt mancher „Junggeselle“ Nistmaterial im Schnabel herum und hüpft stundenlang auf dem Felsen hin und her. Auf diese Art versucht manch frustrierter Papageientaucher doch noch ein Weibchen für sich zu gewinnen. – Obwohl das Brutgeschäft bereits beendet ist

FUGLEFREDINGSOMRÅDE
Område freda i medhald av lov om naturvern
MILJØVERNDEPARTEMENTET
HEKKANDE SJØFUGL
FERDSEL IKKJE TILLATE
15/3–31/8

Damit die Vögel in Ruhe ihr Brutgeschäft erledigen können, ist das Betreten dieses Schutzgebietes in der Zeit vom 15. März bis zum 31. August eines jeden Jahres verboten

geringe Mengen fettlösender Substanzen genügen, um das Luftkissen im Gefieder der Vögel zu zerstören, was unweigerlich zum Tod der Tiere führt.

Nimmt man sich einen oder zwei Tage Zeit, um das Naturwunder auf Runde zu beobachten, so wird der Besuch der Papageitaucher mit Sicherheit zu einem anstrengenden, aber unvergesslichen Erlebnis. Vielleicht fährt der Besucher auch etwas nachdenklich nach Hause, weil er inmitten dieser rauen Natur eine neue Einsicht darüber vermittelt bekommen hat, warum es so wichtig ist, die Umwelt, die Natur und vor allem die Vogelwelt am Meer zu schützen und die Schöpfung zu bewahren.

Im Licht der Mitternachtssonne genießt eine Eiderentenfamilie den nicht enden wollenden Tag. Für kurze Zeit verschwindet die Sonne im Meer, aber nur, um kurze Zeit später wieder aufzutauchen und mit einem großartigen Lichtspektakel den neuen Tag zu verkünden

Brise beim Sonnenaufgang

Morgengrauen: Glühend steigt eine Sonne
durch den blauen Stängel des Meeres
– schießt plötzlich empor, entfaltet sich
und das Kronenblatt des Meeres erzittert.

Stein Mehren

Soloppgangsbris

Morgengry; glødende stiger en sol
gjennom havets blå stengel
– skyter plutselig opp, folder seg ut
Og havets kronblad dirrer

Stein Mehren

Norwegens Fjorde – spektakuläre Relikte aus der Eiszeit

Grau und nebelverhangen zeigt sich der Nordfjord von seiner unfreundlichen Seite. Doch oft präsentiert er sich schon kurze Zeit später im strahlenden Licht der nördlichen Sonne

Betrachtet man die norwegische Westküste aus der Vogelperspektive, erkennt man eine einzigartige Besonderheit der Landschaft.

Geradezu ausgefranst erscheint die Küste durch die unzähligen Einbuchtungen, Schären und Fjorde, die tief bis ins Landesinnere reichen. Misst die Küste von Norden nach Süden rund 2.000 Kilometer, so sind es leicht 20.000 Kilometer, wenn man alle Fjorde einbezieht. Touristen aus aller Herren Länder kommen mit Auto, Flugzeug oder mit den Schiffen von Hurtigruten hierher, um diese in der Welt einzigartige Landschaft zu genießen. Meer, Gletscher, Berge und Täler, Wasserfälle und Seen, dass man sich im wahrsten Sinne des Wortes satt sehen kann, geben der Landschaft den urtümlichen Charakter.

Lange bevor Menschen diesen Erdenball bevölkerten, arbeitete die geologische Evolution an der Landschaft Norwegens und schuf Schären und Fjorde. Vielleicht dauerte der stete Vorgang eine oder zwei Millionen Jahre. Fest steht, dass noch vor etwa 20.000 Jahren fast die gesamte nördliche Halbkugel mit dicken Eispanzern bedeckt war. In diesen Gletschern war so viel Wasser gefroren und konserviert, dass die heutige Nordsee trockenes Land war, eine moorige, tundraähnliche Landschaft mit nur sehr geringem Baumbestand. Riesige Flüsse durchquerten das Gelände und trugen das Schmelzwasser zu den Ozeanen. Erst ein paar tausend Jahre später, als die Erdatmosphäre sich erwärmte, begannen die Riesengletscher aufzutauen. Gigantische Kräfte schoben Unmengen Geröll vor sich her und das Eis schmirgelte, schob und hobelte an den Felsen, bis sie glatt und rund waren, so wie sie sich heute darstellen. Nur die höchsten Gipfel blieben von diesem eiszeitlichen Hobelwek verschont.

Auch in der heutigen Zeit sind manche Ortschaften am Fjord nur auf dem Wasserweg zu erreichen

Ungeheure Wassermengen überschwemmten die Täler und füllten die heutige Nordsee. Der Wasserspiegel stieg um etwa 125 Meter an und füllte die Täler. Die ins Meer mündenden Flüsse rissen das Erdreich mit sich und die Küste franste regelrecht aus. Es entstanden sogenannte Trogtäler. Das Ansteigen des Meeresspiegels ließ die Täler regelrecht ertrinken. Es bildeten sich die Fjorde, die heute teilweise mehr als 100 Kilometer ins Landesinnere reichen.

Der bekannteste unter ihnen ist der Geirangerfjord. Aus dem Norden kommend fährt man über die Trollstigen durch die Heimat der Trolle (Trollheimen), die wohl spektakulärste Gebirgsstraße Norwegens nach Geiranger. In elf Haarnadelkurven wird ein Höhenunterschied von 800 Metern überwunden, vorbei an tosenden Wasserfällen bis zum 862 Meter hohen Pass. Bei schönem Wetter genießt man einen großartigen Ausblick über das Ilstertal. Doch bis hierher wird dem Autofahrer einiges abverlangt. Einerseits ist die Straße stellenweise so eng, dass es fast unmöglich ist, zwei Fahrzeuge aneinander vorbei zu kutschieren. Andererseits ist man von der Landschaft so überwältigt, dass man höllisch aufpassen muss, um nicht vom Wege abzukommen. Weiter geht es durch karge Gebirgslandschaften und später an bunt blühenden Almen vorbei in Richtung Geiranger. Unterwegs bei Valldal hört die Straße plötzlich auf. Jetzt geht es mit einer Fähre über den Norddalsfjord nach Eidsdal. Irgendwie glaubt man am Ende der Welt angekommen zu sein und ist verwundert über die wenigen hübschen, weißen Holzhäuser. Aber es wird noch einsamer. Die Straße führt über endlos scheinende Serpentinen bis hoch ins Fjell. Mit Sicherheit begegnet man einer der vielen Ziegenherden, die tagsüber frei herumlaufen und beim Öffnen der Autotüren unwiderstehlich um Knäckebrot betteln. (Vorsicht, sie klettern gerne ins Auto, um nach Fressbarem zu suchen.) Etwa 30 Kilometer von Eidsdal entfernt erreicht

Bei den Trollstigen genießt man einen großartigen Ausblick über das Ilstertal. Wild hinabstürzende Wasserfälle zu beiden Seiten der Straße versprühen ständig einen feuchten Nebel, der spezielle Pflanzen wachsen lässt, die nur hier gedeihen. Der Stigfossen fällt 178 Meter in die Tiefe

Bei kristallklarer Sicht hat man in den letzten Herbsttagen einen wunderbaren Blick über den Auerlandfjord. Die Bauern der einsamen, winzigen Höfe richten sich auf einen langen Winter ein

Viele Straßen, die durch die Fjordlandschaft führen, enden an einer Fährstation

Klein und winzig kommt sich der Mensch vor angesichts der schroffen und hohen Fjordwände mit ihren Wasserfällen. Hier die „sieben Schwestern“ im berühmten Geirangerfjord.

man den Geirangerfjord. Zunächst sieht man ihn von der Straße aus. Rechts an einer Kurve ist ein kleiner Parkplatz. Wer hier anhält, wird fasziniert sein. Tief unter ihm der Fjord mit seinem tiefgrünen Wasser und vielleicht einem der vielen Luxuskreuzer, die bevorzugt diesen Fjord aufsuchen. Zur Rechten „Die sieben Schwestern“, Wasserfälle, die wie in einem dichten Wassernebel von den hohen Felswänden stürzen. Oben auf den Bergkuppen liegt selbst im Hochsommer Schnee und unten im Tal blühen die Bäume.

„Die sieben Schwestern“ gehören zu den höchsten, senkrecht fallenden Wasserfällen Norwegens. An einem hellen sonnigen Frühlingstag versuchten die sieben Schwestern einem Freier zu imponieren. Der „Freier“ ist der Wasserfall, der auf der gegenüberliegenden Seite des Fjordes zu sehen ist. Er war so entzückt von der erhabenen Schönheit der Damen, dass er versuchte sie der Reihe nach zu verführen. Doch keine der Schwestern hat ihn erhört. Seine Enttäuschung und seine Trauer über diese Niederlage haben dem Freier sehr zu schaffen gemacht. Er versucht noch heute seinen Liebeskummer durch den Verzehr von Riesenmengen geistiger Getränke herunterzuspülen. An schönen Tagen, wenn ihn am späten Nachmittag die Sonne besucht, ist sein trauriges Liebeslied zu hören. Vielleicht überlegt es sich ja eines Tages doch noch eine der sieben Schwestern.

Fährt man mit einer Fähre durch den Geirangerfjord, sieht man überall winzige Bauernhöfe ohne moderne Verkehrsanbindung. Sie sind lediglich mit dem Schiff zu erreichen. Bei Skageflo gibt es noch heute einen Hof, der nur per Schiff und über eine Leiter zu erreichen ist, weil die Felswand so steil abfällt. Man sagt, dass der ehemalige Besitzer des Hofes einst zu den

Endlos lang dauert die Dämmerung im Spätsommer. Himmel und Wasser verändern ständig ihre Farben. Der Fjord zeigt sich noch einmal in einem Rausch von Farben, bevor die Sonne verschwindet

reichsten Bauern des Bezirkes zählte. Er besaß bereits zwei Höfe, drei Kühe und eine Ziege. Deshalb war er stets auf der Flucht vor den Steuereintreibern. Er verließ seine beiden Höfe und flüchtete nach Skageflo. Hier glaubte er sich sicher, da der Hof ja nur über die Strickleiter zu erreichen war. Er brauchte also nur die Leiter hoch zu ziehen und dem Steuereintreiber war der Weg verwehrt.

Da die meisten der Höfe nicht mehr wirtschaftlich arbeiten, hat man einen Verein gegründet. Dieser verhilft den Bauern zu einem vernünftigen Einkommen, und im Gegenzug bewirtschaften und pflegen sie die alten Höfe und erhalten sie so für die Nachwelt.

Nicht nur mit dem Auto oder mit der Fähre ist diese Route ein großartiges Erlebenis. Immer öfter sieht man unerschrockene Mountainbiker diese spektakuläre Strecke abfahren. Bei Insidern gilt sie als besondere Herausforderung. Egal, wie das Wetter ist, sie strampeln mit 27 Gängen und gequälten Gesichtern die Berge hinauf. Manchmal geht's auch bergab, aber nur um Anlauf für die nächste Steigung zu nehmen. Und der Wind kommt immer von vorn. Wer diese Art der Fortbewegung in Erwägung zieht, dem sei allerdings empfohlen, rechtzeitig mit dem Training zu beginnen, um die erforderliche Kondition zu erreichen.

Der längste Fjord in Norwegen ist gleichzeitig der längste Europas. Nördlich von Bergen geht der Sognefjord durch weite Täler und Wälder, enge Schluchten und hohe Berge über mehr als 100 Kilometer ins Landesinnere bis ins Sognefjell. Eine der schönsten Fährfahrten durch engste Fjordschluchten geht von Gudvangen nach Revnes/Lærdal. In zweieinhalbstündiger Fahrt geht es durch den engen Auerlandsfjord. Zur schnelleren Verkehrsabwicklung gibt es zwischenzeitlich kilometerlange Straßentunnel, der längste Tunnel wird zur Zeit gebaut. Wenn irgend möglich, sollte man die Tunnel unbedingt meiden, solange es diese wunderschönen Fährstrecken noch gibt.

Der Hardangerfjord ist der überraschendste. Aufgrund des günstigen Klimas wird hier Obst angebaut. Im Juni fährt man durch blühende Obstgärten die im Kontrast stehen zu den noch schneebedeckten Bergen, dem blauen Himmel und den weißen Wolken. Enge Straßen, tiefe Schluchten und das Meer laden zu geruhsamer Fahrt bis nach Voss ein, wo man einen der schönsten Wasserfälle Norwegens, den Tvindevoss, bewundern kann. Am St.-Hans-Tag (24. Juni) werden rund um die Fjorde Feuer angezündet und die Norweger feiern ihre Sonnenwende. Dann wird im wahrsten Sinne des Wortes die Nacht zum Tage, weil bis in den Morgen hinein gefeiert wird.

Wer ein paar einsame Fjordtage und -nächte erleben möchte, mietet sich in einer der vielen Fjordhütten ein. An jedem Fjord gibt es ein paar wunderhübsche, blitzsaubere Hütten, deren Dächer mit Gras und Blumen bewachsen sind. (Bitte Schuhwerk vor Betreten ausziehen!) Hier lebt man in absoluter Einsamkeit direkt am Wasser. Ein paar Tage hier gelebt, geangelt und am Lagerfeuer verbracht, das wechselnde Lichtspiel von Morgen und Abend, Tag und Nacht beobachtet, wird man dies vielleicht als sein schönstes Ferienerlebnis mit nach Hause nehmen.

Hütten und Rorbu, ehemalige Fischerhütten, direkt am Meer sorgen für ein naturnahes Ferienerlebnis

Nur noch wenige Tage, und ein kräftiger Sturm bläst das gelbe Herbstlaub von den Birken

„Ein Mythos besagt, dass es in Nordnorwegen zwei Jahreszeiten gibt: den Sommer, in dem die Nacht zum Tag wird, und den Winter, in dem es nie hell wird. So einfach ist es natürlich nicht. Doch wie in jedem Mythos findet sich auch hier ein Körnchen Wahrheit. Die Jahreszeiten spiegeln sich auch in unserer Seele wider." –

Abendstimmung am Kvænangsfjord in der Region Nordtroms. Im Hintergrund die Kvænangsgipfel

Der Stein

So lag dort der gute alte Stein
mit breitem, moosbewachsenen Rücken,
der mir ein heimlicher Freund wurde.
Bei ihm war ich immer sicher.

Dort konnte ich weinen und lachen.
Er wusste und verstand alles
und kümmerte sich nie darum,
wie die Worte fielen.

Unbeweglich. Groß und stumm.
Immer derselbe – bei Sonne und Regen.
– Wie gut ich diejenigen verstehe,
die sich Götter aus Stein schufen.

Inger Hagerup

Steinen

Så var det den gode stein
med bred og mosegrodd rygg
som ble en hemmelig venn.
Hos den var jeg alltid trygg.

Der kunne jeg gråte og le.
Den visste og skjønte alt
og brydde seg aldri om
hvordan ordene falt.

Urokkelig. Stor og stum.
Den samme i sol og regn.
– Hvor godt jeg begriper dem
som gjorde seg guder av stein.

Inger Hagerup

Gletscher – die Tiefkühltruhen der Natur

Den Brikdalsbreen erreicht man per Kutsche mit Fjordpferden, zum Nigardsbreen fährt man mit einem Boot über den Gletschersee

Ein eindrucksvolles Überbleibsel aus der Eiszeit ist der Jostedalsgletscher (Jostedalsbreen) mit seinen 24 Ausläufern, die sich bis in die Täler erstrecken. Einige sind daher auch für Besucher leicht zugänglich. Der Jostedalsbreen ist mit einer Ausdehnung von 400 Quadratkilometern das größte zusammenhängende Eisfeld des europäischen Festlandsockels.

Nimmt man die Straße von Lom nach Sognedal (Sognedalsveien), durchfährt man die höchste Gebirgsstraße Norwegens. Diese Straße geht mitten durch Jotunheimen (Heim der Riesen), dem mächtigsten Gebirgsmassiv Skandinaviens. Schon diese Fahrt ist ein reines Abenteuer. Meist ist man allein unterwegs und begegnet nur selten einem entgegenkommenden Fahrzeug. Beiderseits der Straße reihen sich die Gipfel Jotunheimens aneinander, die sich in den kristallklaren Seen des Tauwassers spiegeln. Die beiden höchsten Gipfel des Gebirges, der Glittertind, 2.452 Meter hoch, und der Galdhøppigen, 2.469 Meter hoch, sind bei klarer Sicht zum Greifen nah.

Im Winter ist die Straße geschlossen und im Frühjahr sorgt die Schneefräse für die Befahrbarkeit. Aber selbst im Hochsommer liegt links und rechts des Weges der Schnee stellenweise mehr als zehn Meter hoch, und man hat das Gefühl, durch einen weißen Tunnel zu fahren. Auch im Juni oder Juli ist der Wettergott stets für eine Überraschung gut. Es ist möglich, dass man in schlechtes Wetter und in einen Schneesturm gerät.

Bei Gaupne geht es rechts ab ins Jostedal zum Nigardsgletscher (Nigardsbreen). Fährt man diese kleine Nebenstrecke entlang, stellt man bereits die Veränderung der Vegetation fest. Der Boden wird karg und steinig und die Pflanzen werden kleiner. Es ist also noch gar nicht so lange her, dass hier alles vom Eis des Gletschers bedeckt war. Am Ende der Straße gibt es einen Parkplatz und eine kleine Hütte. Von hier aus

hat man einen großartigen Ausblick auf den Gletscher und man bekommt einen guten Eindruck über die Bewegungen dieses Überbleibsels aus einer längst vergangenen Zeit.

Ein weit lohnenderes Erlebnis ist aber die Besteigung des Gletschers. Hier bei der Hütte ist der Ausgangspunkt für Getscherwanderungen, und es werden Touren für angehende Yetis in allen Schwierigkeitsgraden angeboten. Die professionelle Ausrüstung – Eispickel, Seil, Schuhe und Spikes – wird ausgeliehen, und der Ausflug auf das ewige Eis dauert etwa drei bis vier Stunden. Besonders sportliche Naturen nehmen den Fußweg bis zum Eis. Dieser führt durch eine unwegsame, steinige Landschaft nicht nur über Stock und Stein, sondern auch über Bäche, Schneefelder, Stromschnellen und vor allem über glatt polierte Felsen. Der Weg ist gut gekennzeichnet (rotes T) und dauert etwa 90 Minuten. Wer's bequemer mag, der nimmt das Boot über den Gletschersee.

Nach der Einweisung durch den fachkundigen Bergführer geht's los, und irgendwie fühlt man sich ein wenig wie Reinhold Messner. Der Umgang mit der Ausrüstung, insbesondere die Fortbewegung mit den spikesbewehrten Gletscherschuhen ist gewöhnungsbedürftig. Der Ungeübte tut sich zu Anfang etwas schwer und hat kaum Augen für die Landschaft. Hat man sich aber erst an den schleppenden Schritt gewöhnt, wird man schnell für seine Mühen belohnt.

Das jahrhundertealte Eis zeigt sich in allen Blautönen. Vom hellen, fast weißen Blau bis zum tintenfarbenen, tiefsten Ton der blauen Farbskala. Große Berge von Eis und tiefe Gletscherspalten gilt es zu überwinden. Überall murmelt und brodelt das ablaufende, noch glasklare Schmelzwasser, um sich im Tal zu einem reißenden Strom zu sammeln. Dabei gehen mikroskopisch kleine Sedimente und größere Kieselsteine mit auf die Reise und geben dem

Riesige Eisbrocken lösen sich unter donnerndem Getöse und stürzen in den Gletscherfluss. Der Gletscher kalbt

Wasser die typisch milchige, grünweiße Färbung.

Der Gletscher ist ein offenes Zeitfenster. Die verschiedenen Farben, die Zusammensetzung und die Gaseinschlüsse geben Auskunft über die Zusammensetzung der Atmosphäre und damit dem Klima der letzten Jahrhunderte. Die Gletscher zogen sich im Laufe der Zeit immer weiter zurück.

Die angebrachten Tafeln geben Auskunft über deren ehemalige Ausdehnung. Ihr Rückzug wird auf die zunehmende Erwärmung der Erdatmosphäre zurückgeführt. Tatsächlich hat es im Laufe auch der jüngsten Erdgeschichte immer wieder Temperaturschwankungen gegeben. Schon geringfügige Änderungen der Durchschnittstemperatur haben erhebliche Auswirkungen auf das Verhalten des Eises.

Schon das Ansteigen der Durchnittstemperatur um lediglich ein Grad Celsius lässt den Gletscher im Laufe kurzer Zeit um 500 Meter zurückweichen.

Eine andere, beliebte Gletscherzunge ist der Brikdalsbreen. Sie ist deshalb so beliebt, weil ein leichter Fußweg bis zur Abbruchkante des Eises führt. Wer nicht so gut zu Fuß ist, der hat die Möglichkeit, geruhsam per Pferdekutsche bis kurz vor das Eis gebracht zu werden. Über schmale Wege geht es am reißenden Gletscher-

fluss entlang, regelrecht unter Wasserfällen hindurch. Seit über hundert Jahren bereits werden hier die kleinen, norwegischen Fjordpferde vor den Karren gespannt, um die Gäste zur Kühltruhe der Natur zu bringen.

Vor ein paar Jahren noch befand sich vor dem Gletscher ein See, in dem im Frühjahr immer große Eisbrocken schwammen. Wenn der Gletscher kalbt, lösen sich diese Eisstücke unter donnerndem Getöse und stürzen bergab. Dann brauchen sie eine gewisse Zeit, um abzutauen. Das dauert meist bis in den Spätsommer. Wer Glück hat, kann dieses Schauspiel aus der Nähe betrachten.

Vom Nigardsbreen genießt man einen großartigen Ausblick ins Tal. Zwischen den Felsbrocken und dem Geröll erobert die Vegetation bereits den steinigen Boden, der vor kurzer Zeit noch von Eis bedeckt war

Das blauweiße, milchige Gletscherwasser bahnt sich unaufhaltsam seinen Weg um die großen Felsbrocken, die der Gletscher einst zu Tal förderte

Der See ist zwischenzeitlich verschwunden. Vom fließenden Gletscher verdeckt. Der Brikdalsbreen zählt zu den Gletschern, die sich neuerlich wieder ausdehnen. Dies wird folgendermaßen erklärt: Die Klimaveränderung sorgt an bestimmten Stellen für höhere Niederschläge, die sie anderen Orten entzieht. Über den Bergen fallen diese Niederschläge als Schnee und belasten so das Gletschereis zusätzlich. Dieses Riesengewicht drückt auf das Eis, so dass es nach unten ins Tal ausweicht. Der Gletscher wächst. Allerdings braucht der Schnee einige Jahrzehnte, damit er zu Gletschereis wird. Somit zehrt die Gletscherzunge unmerklich, aber stetig den ganzen Gletscher aus, so dass die Eisdecke immer dünner wird, bis schließlich der ganze Gletscher verschwindet.

Sei es, wie es sei. Ein Tag auf dem Gletscher ist ein einzigartiges Erlebnis. Einerseits, weil dem Wanderer eine ungewohnte körperliche Anstrengung abverlangt wird, andererseits erhält er einen eindrucksvollen Einblick in zeitliche Abläufe der sich stets verändernden, empfindlichen und unaufhaltsamen Natur.

„Ridderspranget“ Der Rittersprung

Die Wucht des Wassers, mitgeführte Steine und schleifender Sand hinterließen ihre jahrhundertealten Spuren. Mahlsteine, von stetem Wasserfluss angetrieben, formen Strudeltöpfe von mehreren Metern Durchmesser in den Fels

Der Fluss Sjoa passiert bei Randsverk eine besonders enge und tiefe Schlucht. Das blaugrüne Wasser wird aus Jotunheimen, dem höchsten Gebirge Norwegens, und den benachbarten Bergen herangetragen. Es schäumt und kocht wild und gefährlich. Die Felsen sind glatt geschliffen und von der sprühenden Gischt nass und teilweise bemoost. Überall gibt es tiefe, in Jahrtausenden von Wasser, Sand und Geröll ausgewaschene Strudeltöpfe. Nur wenige kleine Kiefern konnten in den Ritzen und Felsspalten heranwachsen und Halt finden. Ein Unglücklicher, der hier ausrutscht und den Halt verliert. Er hat absolut keine Chance mit dem Leben davonzukommen. Er würde unweigerlich in der schäumenden, eiskalten Flut ertrinken und an den Felsen zerschellen.

Ob Menschen auf diese Weise hier schon ihr Leben ließen, ist nicht bekannt. Bis auf einen Fall, der geschichtlich verbürgt ist.

Im 14. Jahrhundert lebte der Ritter Sigvat von Knie in Valdres. Er liebte das schöne Mädchen „Skorvang-Sole“, genannt „Die Sonne von Skorvangen“. Sie wurde wegen ihrer ganz besonderen Anmut und unvergleichlichen Schönheit so genannt. Skorvang-Sole aber war dem Ritter Iva Gjæsling von Sandbu in Vågå versprochen und die Hochzeit war bereits bestellt. Er war seinerzeit der reichste und mächtigste Mann im ganzen Gudbrandsdal. Sorvang Sole aber wollte ihn nicht heiraten, sie liebte ihn nicht. Auch der versprochene Reichtum konnte ihre Meinung nicht ändern, denn sie liebte nur seinen Rivalen, den Ritter Sigvat.

In der Nacht vor der Hochzeit kam ihr Geliebter auf Ivas Hof. Er zündete die Holzgebäude an, raubte das schöne Mädchen und flüchtete mit ihr bei Nacht und Nebel durch die wilde Gebirgslandschaft. Ritter Iva aber war bereit um seine Braut zu kämpfen. Er und seine

„Riddersspranget“ Der Rittersprung

Oben: Der Lachsforsen

Rechts und nächste Seite: Die schmale, aber tiefe und gefährliche Schlucht beim Ridderspranget

Anhänger nahmen unmittelbar die Verfolgung auf, um Sigvat zu besiegen und das Mädchen zurückzuholen. Beim reißenden Sjoa holten sie das Paar ein.

Nun ging es um alles oder nichts. Sigvat nahm das Mädchen auf den Arm und sprang mit einem beherzten Satz über die Schlucht, die an dieser Stelle sehr schmal, aber Furcht erregend tief war. Ein mutiger Anhänger seines Rivalen wagte es, hinterherzuspringen, und schaffte es tatsächlich, die steinerne Schlucht zu überwinden. Es kam zu einem kurzen Gerangel, währenddessen Ritter Sigvat seinen Widersacher den Wasserfall hinunterstieß. Von den anderen Verfolgern wagte nun niemand mehr, auch Ritter Iva Gjæsling von Sandbu nicht, über die Schlucht zu springen, aus Angst von dem liebenden Mädchenräuber in die schäumende Flut gestoßen zu werden. Das junge Liebespaar verschwand in den unendlichen Wäldern des Landes und ward nie wieder gesehen.

Nach dieser Sage hat die Schlucht mit dem reißenden Wasserfall den Namen Riddersspranget und wird auch heute noch so genannt. Eine Tafel am Eingang der Schlucht erinnert an das Geschehen vor langer Zeit.

Norwegisches Liebeslied

Ich bin der Nadelbaum, dunkel und stur.
Du bist die Birke.
Du bist Bruder unter strahlendem Himmel.
Beide sind wir norwegische Natur.

Ich bin das Erdloch, tief und schwarz.
Du bist der Same, blank und rund.
Du trägst das Leben.
Beide sind wir, was wir immer waren.

Ich bin der Fels und nackte Steinhalde.
Du bist ein kleiner Waldsee mit dem Himmel darin.
Beide sind wir das Land.
Auf ewig, ewig bist Du mein.

Tor Jonsson

Norsk Kjærleikssong

Eg er grana, mørk og stur.
Du er bjørka. Du er brur
under fager himmel.
Båe er vi norsk natur.

Eg er molda, djup og svart.
Du er såkorn, blankt og bjart.
Du ber alle voner.
Båe er vi det vi vart.

Eg er berg og naken li.
Du er tjørn med himmel i.
Båe er vi landet.
Evig, evig er du mi.

Tor Jonsson

Boden und Wurzeln

Blütenpracht und schneebedeckte Berge im Sognefjord, der mit seinen 205 Kilometern der längste Fjord Norwegens ist

Rechts: Auf dem Weg ins Sognefjell. Hier an der Baumgrenze zeigt sich die Natur wild und ungezähmt

Jon schlenderte gedankenverloren über die regennasse Pattform der Ölbohrinsel im Idsefjord vor Stavanger. Er hatte eben seinen Wochenbericht abgegeben und noch ein wenig Zeit bis zum Schichtbeginn im Kontrollraum. Seit Tagen schon regnete es, und der Wind kam von Westen, so dass man nur kurze Zeit im Freien verbringen konnte. Trotzdem liebte er es, zwischen Freizeit und Schichtbeginn noch ein paar Minuten an Deck seinen Gedanken nachzugehen und die frische Luft zu genießen.

Tag und Nacht lärmte, schepperte und dröhnte das ganze stählerne Ungetüm, während sich der Ölbohrer unaufhaltsam in die Tiefe sog, um das schwarze Gold in den steinernen Lagern des Meeresbodens aufzuspüren. Jon hörte das alles schon lange nicht mehr. Im Laufe der Jahre auf der künstlichen Insel hatte er eine Technik entwickelt, die unerwünschten Geräusche in seinem Kopf auszusperren. So gelang es ihm, dem infernalischen Dauerlärm zu entgehen und die Geräusche der Natur, wie Regen, Wind und den Schrei der Möwen, wahrzunehmen, obwohl die Maschinen mit ihrem Stampfen und Knirschen, Quietschen und Rasseln versuchten selbst die Stürme in ihrer Lautstärke zu übertönen.

Während dieser kurzen Spaziergänge war er mit sich allein. Dabei ging ihm alles Mögliche durch den Kopf. Meist jedoch war er in Gedanken bei seiner Freundin Inis und seiner Tochter Lina. Seit zehn Jahren kannten sie sich bereits, verstanden sich gut. Lina war inzwischen sieben Jahre alt und besuchte seit dem letzten Herbst die Schule. Inis mochte es nicht, dass er auf der Ölplattform arbeitete, und Lina, seine Tochter, wartete immer sehnsüchtig auf seine Heimkehr. In den Wochen der Abwesenheit lebten sie sich stets ein wenig mehr auseinander und eine Woche Beisammensein reichte einfach nicht aus, um all das während seiner Abwesenheit Versäumte nachzuholen. Seit fünf Jahren machte

Voraussetzung für ausgezeichnete Molkereiprodukte: Die Kühe bleiben den ganzen Sommer auf der Alm (Seter)

Jon diesen Job bereits und stets hatte er Mühe, seiner Freundin und seiner Tochter klar zu machen, dass seine Arbeit als Ingenieur bei der Ölgesellschaft wichtig sei und eine große Chance für seine berufliche Zukunft war. Außerdem verdiente er gutes Geld, das für einen hohen Lebensstandard reichte und dazu für ein ordentliches Sparguthaben sorgte, auch für den Fall, dass sie einmal heiraten sollten. Wenn es nach dem Willen seiner beiden „Frauen" ginge, wäre er schon längst verheiratet und sie würden eine ganz normale Familie sein. Aber irgendetwas in ihm hielt ihn davon ab. Natürlich liebte er seine Inis und die Abwesenheit von seiner Tochter war ausgesprochen schmerzhaft und brachte ihn fast um den Verstand. Jon war jedoch der Meinung, erst müsse auch materiell der Grundstein für ein gemeinsames Leben gelegt sein. Außerdem war er davon überzeugt, dass die Ehe etwas Heiliges, Unauflösliches sei. Deshalb müsse sie wohl überlegt sein.

Heute war Donnerstag und übermorgen würde er für eine Woche Heim nach Tuddal fahren. Dort warteten nicht nur Inis und Lina auf ihn, Besuch aus Oslo hatte sich angekündigt. Der Fremde, wie Jon ihn nannte, war schon einmal bei ihm zu Hause in Tuddal. Er war Sachverständiger für eine Immobiliengesellschaft und damit beauftragt, ein geeignetes Grundstück zu kaufen, das groß genug war, um ein Touristenzentrum zu bauen. Oben im Fjell in 850 Meter Höhe sollte eine Ferienanlage nach den neuesten Erkenntnissen der Touristik entstehen. Fischreiche Seen, kristallklare Flüsse und ein einzigartiger Blick auf den Gaustatoppen wären für zahlungskräftige Erholungssuchende aus ganz Europa ein Anziehungspunkt, der in Norwegen beispielhaft wäre und für die Belebung der näheren und weiteren Umgebung sorgen würde.

Hier oben in den Bergen verfügt Jon über ein kleines, ziemlich wertloses Grundstück, das er vor einigen Jahren geerbt hat. Es handelt sich um einen alten Bauernhof, dessen Gebäude zumeist verfallen sind. Die Natur hat sich inzwischen ihr Gebiet zurückerobert. Die Gebäude sind bemoost und von Pflanzen überwuchert, die Almwiesen verwildert und mit Birken überwachsen. Nur drei kleine Nebengebäude sind gut erhalten und gepflegt. Sie werden im Sommer an Wanderer und Urlaubsgäste als Ferienhütten vermietet. Manchmal verbrachte er mit Inis und seiner Tochter ein Wochenende hier oben. Weit ab von allen Sorgen des Alltags waren sie hier immer sehr glücklich.

Weil es zu Zeiten seines Urgroßvaters hier einmal einen Vorfall mit einem Bären gab, heißt dieser Hof im Dorf Bjørn-Seter. Nun stand dieses

Grundstück neben anderen auf der Kaufliste des Fremden aus Oslo, der am Wochenende kam, um den Vertrag zu machen.

Zwei Wochen hatte Jon Zeit, um zu einer Entscheidung zu gelangen. Für ihn stand aber schon recht früh fest, dass er den Hof verkaufen wollte. Er würde eine gehörige Summe Geldes erhalten, von dem sie sich ein neues Haus in Rjukan bauen könnten, das sie sich schon lange wünschten. Ein schönes, großes Haus mit allem Komfort, einem Garten und genügend Platz für ein zweites Kind. Ein Traum würde in Erfüllung gehen und er würde seine Inis endlich heiraten. Dann würde noch genügend Geld übrig bleiben um für alle unvorhersehbaren Fälle einigermaßen abgesichert zu sein.

Nur Inis konnte sich nicht so schnell entschließen. Solch eine Entscheidung sei schließlich endgültig und unwiderruflich. Ob seine Eltern damit wohl einverstanden gewesen wären. Vor seiner letzten Abreise gab es heftige Diskussionen. Jons Entschluss stand aber fest. Nun jedoch, da der Termin für den Vertragsabschluss näher rückte ging ihm alles noch einmmal durch den Kopf. Nicht, dass er schwankend geworden wäre, vielmehr sammelten sich immer mehr Argumente in seinem Kopf, die seinen Entschluss bekräftigten.Trotzdem wunderte er sich darüber, dass ihn diese Angelegenheit so sehr beschäftigte.

Holz auf der Hütte und Wasser davor. Manche Hüttendächer sind nicht nur mit Gras bewachsen

Nun gingen seine Gedanken drei Wochen zurück, als er mit dem Fremden hoch auf die Bjørn-Alm wanderte, um vor Ort das Grundstück, die Umgebung und die Wege zu zeigen. Es war ein sonniger Frühherbsttag. Gegen Mittag marschierten sie los, mit allem, was sie zu essen und für eine Übernachtung in der Hütte brauchten, denn Jon hatte den Fremden dazu eingeladen, auf der Alm zu übernachten. So könne er sich selbst ein Bild von der unübertrefflichen Lage des Hofes machen. Der Aufstieg zur Alm begann am frühen Nachmittag und dauerte etwa drei Stunden. Während im Tal das Laub an

Wie hier auf der Kalthusseter liegen manche Almen weitab jeglichen modernen Lebens. Die in den Berg hineingebauten Schafställe bieten Schutz vor schlechtem Wetter. In dieser Höhe kann es auch im Sommer zu unangenehmen Wetterumschwüngen kommen

den Bäumen noch in vollem Grün stand, hatten sich die Blätter an den Birken und Espen hier bereits teilweise und später, je höher sie kamen, schon komplett in leuchtendes Gelb verfärbt.

Jon stand auf der Plattform gegen ein Geländer gebeugt und stellte verwundert fest, dass wieder die Gefühle und Erinnerungen in ihm hochkamen, die er bei seinem Almbesuch mit dem Fremden verspürt hatte. Aber wie derzeit, so sagte er sich auch heute, dass es sich um ein Geschäft handelte; und zwar um ein gutes. Gefühle oder gar Sentimentalitäten hatten da keinen Platz. Das hatte er auch Inis versucht klarzumachen, aber sie wollte es nicht akzeptieren.

Früher gab es nur einen schmalen, steinigen Weg bis zur Alm. Die seltenen Besucher hatten also einen beschwerlichen Weg hinter sich, wenn sie oben ankamen. Seine Mutter hatte ihm oft erzählt, wie es damals war, als sie noch alle auf der Alm wohnten, von den Familienereignissen, den Festen, aber auch von dem schweren Alltag auf dem Hof. Mutter war hier geboren und lebte ihr ganzes Leben auf dem Hof. Bis sie vor fünf Jahren, achtundsiebzig Jahre alt, auch hier oben gestorben ist. Das ganze Dorf, mehr als einhundert Leute kamen hier hoch, um sie abzuholen und auf ihrem letzten Weg zu begleiten. Nun lag sie neben Vater auf dem Friedhof in Rjukan. Die letzten Jahre hatte sie nicht mehr geschafft, den ganzen Hof zu versorgen, so dass die Nebengebäude bereits zu verfallen begannen, als sie noch auf dem Hof lebte.

Zeitweise wohnten zweiundzwanzig Menschen hier. Sie arbeiteten, pflegten das Vieh, bearbeiteten die Äcker und lebten von dem, was die Natur zur Verfügung stellte. Großvater kam aus Rauland und zog nach der Heirat auf den Hof. Er hatte stets unter dem strengen Regiment

Eine Alm ist stets ein lohnendes Wanderziel. Neben einer urigen Unterkunft gibt es hervorragende Käseprodukte, wie den bekannten, karamelfarbenen Ziegenkäse (Geitost)

seines Schwiegervaters zu leiden. Der hatte ihm niemals verziehen, dass seine Tochter bereits im sechsten Monat schwanger war, bevor es zur Hochzeit kam. Während des Hochzeitsfestes kam es zum offenen Streit zwischen den beiden, an dem sich auch die Hochzeitsgäste beteiligten, und es kam durch den Alkoholkonsum begünstigt zu einer Massenschlägerei. Etwa zwanzig Männer boxten und schlugen aufeinander ein und die Frauen kreischten dazwischen, freilich ohne etwas zu bewirken. Irgendwie geschah es, dass dabei eine Öllampe umkippte und ein Nebengebäude, in dem sonst zwölf Leute lebten, Feuer fing. Menschen kamen nicht zu Schaden, aber die ganze Gesellschaft hatte genug damit zu tun, den Brand zu löschen und dafür zu sorgen, dass das Feuer nicht auf die anderen Gebäude übergriff.

Am anderen Morgen begannen die Aufräumarbeiten. Drei Monate später stand das Haus wieder, viel schöner und auch ein wenig größer als vorher. Die Hochzeitsgesellschaft hatte kurzerhand entschieden, nicht lange nach dem Verursacher des Brandes zu suchen, sondern gleichberechtigt und damit gleichverpflichtet den Schaden wieder gut zu machen und das Haus neu aufzubauen. Dann wurde zum zweiten Mal Hochzeit gefeiert und Großmutter befand sich inzwischen im neunten Monat. Es wurde ein großartiges Fest. Zwei Tage wurde ohne Unterbrechung gefeiert. Vier Tage später wurde Mutter geboren. Sie kam pünktlich um sieben Uhr fünfzehn zur Welt, gerade als Großvater einen Hammel schlachtete um den Fleischvorrat wieder aufzufüllen, der durch das Fest aufgebraucht war.

Der Hof besteht aus einem großen, roten Wohngebäude, einer Scheune, einem Stall für die Kühe und drei kleinen Schafställen, die sich etwa 500 Meter vom Hauptgebäude entfernt befinden. Sie wurden erst später, zu Beginn dieses Jahrhunderts gebaut. Sie liegen regelrecht versteckt, hinter Farnen, kleinen Birken und sind dicht mit Gras und Kraut bewachsen. Die Schafe fanden abends immer allein in den Stall. Wenn einmal eines der Tiere am Abend nicht rechtzeitig heimkam, wusste man, dass irgendetwas passiert sein musste, und ein Trupp setzte sich in Bewegung, um das verlorene oder gar verunglückte Schaf zu suchen.

Von Vater wusste Jon, dass sie von einer solchen Suchaktion einmal nicht nur das verlorene Schaf, sondern auch einen Menschen mitbrachten. Das war im Winter 1943 und bei diesem handelte es sich um einen desertierten deutschen Soldaten, der fast erforen durch das Fjell streifte und sich vor seinen Verfolgern versteckte. Ganze sechs Monate haben sie diesen jungen Mann im Schafstall versteckt. Er durfte den Stall nur in der Nacht kurz verlassen. Im Februar, bei klirrender Kälte kam plötzlich ein Suchtrupp deutscher Soldaten auf die Alm. Kein Mensch wusste, woher sie kamen. Plötzlich standen vier fremde Männer im Wohnzimmer. Mutter schaffte es, die Soldaten erst einmal ordentlich zu verpflegen und überredete sie, die Nacht auf der Alm zu verbringen.

Das Haus wurde von oben bis unten durchsucht. Ebenso die Scheune. Auch in den Schafställen wurde gesucht. Aber durch den niedrigen Eingang und zwischen die blökenden Schafe ging niemand hinein. Entweder war es die ordentliche Bewirtung, die ihr Misstrauen abbaute, oder sie konnten sich nicht vorstellen, dass in diesem winzigen Stall, mitten zwischen den lebenden Tieren, ein Mensch hauste. Auf jeden Fall zogen sie unverrichteter Dinge wieder ab. Eines Morgens im Frühjahr, als Mutter das Essen bringen wollte, war Hermann, so hieß der Flüchtling, verschwunden. Wir haben nie wieder von ihm gehört. Nur Mutter war traurig und sprach manchmal die Hoffnung aus, dass es ihm gut gehen möge.

Der Wind hatte etwas nachgelassen und Jon rekelte sich wohlig in seiner dicken, gut gefütterten Jacke. Dabei spürte er so etwas wie Unsicherheit in sich aufsteigen. Er wusste nicht genau, was das bedeutete, aber irgendwie wurde er unruhig, wenn er so an seine Herkunft erinnert wurde.

Plötzlich sah er die Alm regelrecht vor sich. Es war so, als ob er oben in den Bergen zwischen Birken, Eschen und den sommerlichen Wildblumen stünde. Ja, er hatte sogar den Geruch der Kräuter in der Nase. Es roch nach frischer Milch, Heu und Schafstall. Er hörte die Glocken der Kühe und Schafe, die er als Kind so oft gehört hatte, wenn die Tiere abends heimkamen. Er betrachtete das Wohngebäude, die alte, zerfallene Scheune, die Ställe und was sich

Diese Eberesche hat sich ihren Platz gesucht. Vor einigen Jahren hat sich ein Samenkorn zwischen den Schieferplatten verfangen. Ein wenig Humus und Wasser sind ausreichend, um aus dem Bäumchen einen Baum werden zu lassen. Eines Tages werden seine Wurzeln den Felsen sprengen

sonst auf der Alm befand. Vor allem lagen dort zusammengetragene, dicke Felsbrocken und Findlinge aus Granit. Irgendwer hatte sie in den zurückliegenden Jahrzehnten oder Jahrhunderten von den Feldern und Wiesen gesammelt und hierher geschleppt. Wer mag sich nur die Arbeit gemacht haben, diese teilweise tonnenschweren Brocken von den Feldern zu holen? Es gab ja keine Maschinen, die diese Arbeit erleichtert hätten.

Hinter den Schafställen verläuft eine Steinmauer. Sie mag wohl etwas mehr als 100 Meter lang sein und besteht aus Tausenden kopfdicken Steinen. In den Fugen nisten die Vögel. Bei schlechtem Wetter lehnten sich die Schafe gegen die Mauer und waren so gegen Wind und Wetter geschützt. Sowohl der Steinberg als auch die Mauer sind inzwischen stark verwittert und mit Flechten übersät. Die Natur hat im Laufe der Zeit Birken und Sträucher darauf wachsen lassen, so dass der Berg aus Steinen kaum noch zu erkennen ist. Das alles soll nun verkauft werden und in fremde Hände übergehen? Jon spürte einen Stich in der Brust. Nein kein Schmerz, aber trotzdem ausgesprochen direkt und aufdringlich. Auf einmal wusste Jon, was er zu tun hatte. Es war ihm so klar und selbstverständlich, als ob es schon immer so gewesen wäre.

Ein Jahr später wurde auf der Bjørn-Alm wieder einmal Hochzeit gefeiert. Fast 100 Gäste kamen, um dem Brautpaar Glück zu wünschen und ordentlich zu feiern. Alle gingen nach dem Gottesdienst zu Fuß den ganzen langen Weg bis auf die Alm und brachten die Brautgeschenke. Sie trugen ihre traditionellen Trachten mit goldenen Broschen und blank geputzten Knöpfen. Vorneweg gingen zwei Spielleute. Ein junges Mädchen spielte die alten norwegischen Lieder auf der Hardanger-Fidel, wie es bei einer Hochzeit in der Hardanger-Gegend üblich ist. Ein Musikant spielte auf der Ziehharmonika und hin und wieder machte eine Schnapsflasche die

Ein wahrhaft schöner und geruhsamer Platz für Mensch und Tier. Der Mensch freut sich über das Spiegelbild im kristallklaren Bergsee und das Tier genießt das würzige Futter der Alm

Auf Stelzen stehen die alten Blockhäuser zum Schutz gegen den meterhohen Schnee. Gleichzeitig wird es ungebetenen Hausgästen wie Mäusen und Ratten erschwert, das Haus zu betreten

Holz ist der traditionelle Baustoff im Norden. Er steht ausreichend zur Verfügung. Naturbelassen und von der Sonne beschienen zeigt er im Alter eine hellbraune Färbung

Runde, was die Geschwindigkeit des Hochzeitszuges stets verzögerte. Es wurde ein wunderbares Fest.

Verkauft wurde die Bjørn-Alm nicht. Vielmehr haben Jon und seine Frau die Gebäude wieder hergerichtet. In den ehemaligen Schafställen wurden kleine Hütten eingerichtet. Die alte Scheune wurde abgerissen und im Wohngebäude vier Ferienwohnungen erstellt. Eine Wohnung hat Jon für sich und seine Familie freigehalten. Hier verbringen sie manches Wochenende in der Gewissheit, die Arbeit ihrer Väter und Vorfahren nicht verraten zu haben.

Zwischen Hügeln und Bergen

Zwischen Hügeln und Bergen am Meer
hat der Norweger sein Haus gebaut.
In unsäglichen Mühen hat er es selbst ausgeschachtet
und hat dort hinein Brett auf Brett gefügt.

Hinaus zog er auf die steinigen Strände;
niemand hatte je vor ihm dort draußen gebaut.
„Lasst uns wohnen hier, lasst uns Dörfer hier bauen
lasst uns das Land hier zueigen machen."

Hinaus segelte er auf das schäumende Meer,
gefahrvoll war es, dorthin zu fahren!
Dort draußen aber spielten Fische in der Tiefe,
und den Spieler, den wollte er sehen.

Im dunklen Winter da dachte er zuweilen:
Ach, wär' ich doch in einem wärmeren Land!
Aber sobald die Frühlingssonne die Hügel erglühen ließ,
da zog es ihn an seinen heimatlichen Strand!

Und dann, wenn die Steinhalden wie Gärten ergrünen
und überall zwischen den Steinen die Blumen erblühen,
und wenn die Nächte hell sind wie der lichte Tag,
dann kann ihn nichts, nichts auf der Welt von seinem Land trennen!

Ivar Aasen

Mellom bakkar og berg ut med havet
heve nordmannen fenge sin heim,
der han sjølv heve tuftene grave og sett
sjølv sine hus oppå deim.
Han såg ut på dei steinute strender;
det var ingen som der hadde bygt.
„Lat oss rydja og byggja oss grender,
og så eiga me rudningen trygt."

Han såg ut på det bårute havet;
der var ruskut å leggja utpå;
men der leikade fisk nedi kavet,
og den leiken, den ville han sjå.

Fram på vinteren stundom han tenkte:
Gjev eg var i eit varmare land!
Men når vårsol i bakkane blenkte,
fekk han hug til si heimlege strand.

Og når liene grønkar som hagar,
når det laver av blomar på strå,
og når netter er ljose som dagar.
kan han ingen stad venare sjå.

Ivar Aasen

Lemminge, Elche, Ren und Co.

Das frische Grün der jungen Birken zählt zu den Lieblingsspeisen der Elche. Das Gehörn ist im Frühjahr noch klein und mit Bast überzogen. Im Laufe des Sommers wächst es zu einem stattlichen Geweih heran

Über die Tierwelt im Norden Europas gibt es die seltsamsten und unglaublichsten Geschichten. Lemminge fallen vom Himmel und stürzen sich aus Liebeskummer ins Meer. Nicht alleine oder zu zweit, sondern gleich zu Abertausenden. Wenn sie in Massen auftreten, können sie großen Schaden anrichten. Trotzdem freuen sich die Jäger angeblich über eine hohe Population der kleinen, pelzigen Nager.

Dem Vernehmen nach schlafen Elche im Stehen, angelehnt an einen Baum. Wenn man diesen absägt, fällt der Elch einfach um und schläft weiter. Und Rudolf, das Rentier mit der roten Nase, kommt jedes Jahr im Winter mit einem Schlitten durch die Lüfte, steigt durch den Kamin und erfreut Kinder- und Erwachsenenherzen gleichermaßen, wenn es die verdienten Weihnachtsgeschenke bringt.

Neben diesen Merkwürdigkeiten, die – mögen sie wahr sein oder nur Jägerlatein – gibt es ein paar nachprüfbare Tatsachen.

Viele Norwegenfahrer haben zwar schon Rentiere gesehen, auch einer dieser hamsterähnlichen Lemminge ist ihnen ins Zelt gekrochen, aber einem dieser großen, urzeitlichen Tiere namens Elch sind sie in freier Wildbahn noch nicht begegnet, allenfalls äsend am Straßenrand. Vielleicht liegt das daran, dass Elche eher dämmerungsaktiv und nachts unterwegs sind, vielleicht auch daran, dass der moderne Tourist sich ausgesprochen schwer tut, die endlose, undurchdringliche Wildnis zu durchstreifen und sich dann auch noch so zu verhalten, dass diese scheuen Tiere nicht die Flucht ergreifen, noch bevor sie entdeckt werden. Wer aber abends spät oder sehr früh morgens unterwegs ist, sich nahe einer großen Lichtung auf die Lauer legt, hat gute Chancen Elche zu erspähen, zumal Verkehrsschilder auf „Elchwechselstellen" hinweisen. Der Schaufel tragende, größte Hirsch ist bei Besuchern und Einheimischen gleichermaßen beliebt. Schon Selma Lagerlöf erzählte in ihrem

Buch „Wunderbare Reise des kleinen Nils Holgerson mit den Wildgänsen“ die Geschichte von Graufell. Er ist in den hohen Norden geflüchtet, um den eigenen Wald vor der Vernichtung zu retten. Es gibt den Elch überall im Norden. Sowohl in Alaska, Sibirien als auch in Skandinavien. In Nordeuropa werden die Tiere bis zu 500 Kilogramm schwer, etwa 2 Meter bis 2,50 Meter groß, sie sind ausgezeichnete Schwimmer.

Außer in der Brunftzeit gehen sie sich aus dem Weg und durchstreifen die Landschaft. Lediglich im Herbst, beim Kampf um einen günstigen Platz in der Paarungsreihenfolge, treffen die männlichen Tiere aufeinander und kämpfen um die Weibchen (Elin). Mit ihren Geweihen, die manchmal ein Gewicht von mehr als 20 Kilogramm aufweisen, preschen sie aufeinander los, um so den Damen zu imponieren. Das sieht alles ziemlich gefährlich aus, endet in den meisten Fällen jedoch mit einer klugen Entscheidung des Schwächeren. Er zieht sich zurück und sucht eine neue Gelegenheit. Und die kommt, hoffentlich. Während der Verlierer das Weite sucht, nimmt der Gewinner das erkämpfte Recht für sich in Anspruch, seine günstigen Eigenschaften weiterzugeben. Doch kaum ist der Zeugungsakt vorbei, zieht der Liebhaber von dannen und kümmert sich nicht mehr um die Elin, geschweige denn um den Nachwuchs.

Frei laufende Rentiere in der herbstlich gefärbten Tundra. Einmal jährlich treibt man sie zur Rentierscheidung. Dann werden die Jungtiere eingefangen, ihrem Besitzer zugeführt und gekennzeichnet. Nachdem die zur Schlachtung vorgesehenen Tiere herausgefangen wurden, wird die Renherde wieder in die Freiheit entlassen. Bis zum nächsten Jahr

Die allein erziehende Elchkuh kümmert sich etwa zwei Jahre lang intensiv um ihre ein bis zwei Jungen. So konnte beobachtet werden, dass ein verstorbenes Elchkalb, der winterlichen Kälte erlegen, drei Tage lang von seiner Mutter nicht verlassen wurde. Immer wieder versuchte die Elchkuh das tote Junge auf die Beine zu stellen. Auch danach kam sie noch mehrmals zurück, in der Hoffnung, dem Elchkalb doch noch helfen zu können, bis sie nach einer Woche ihre Bemühungen schließlich aufgab.

Hoffentlich ist unser Elch nicht einer der 40.000, die jedes Jahr durch die Jagd erlegt

Dieser kapitale Elchbulle wurde bei –28° C aufgespürt und fotografiert. Er tauchte urplötzlich am Rande eines Waldes auf. Der verschneite Geweihträger war von dieser „unheimlichen“ Begegnung genauso überrascht wie der Fotograf. Es dauerte nur wenige Sekunden und der Elch war wieder verschwunden

werden. Der Bestand soll dadurch allerdings nicht gefährdet sein. Im Gegenteil, nach Aussagen der Forstwirtschaft ist eine verstärkte „Bejagung“ erforderlich geworden. Durch die intensive Bewirtschaftung der Landschaft haben sich die Lebensbedingungen für den Elch offenbar verbessert. Die rigorose Abholzung der Fichtenwälder ließ kleine Büsche, Birken und Beerensträucher nachwachsen. Und diese haben die Vertreter der größten Hirschart „zum Fressen gern“. In den letzten fünfzig Jahren soll ihr Bestand geradezu explodiert sein.

Nun ist die Jagd auf den Elch nicht ganz ungefährlich. Aber nicht das Tier ist die Gefahr, sondern der ihm nachstellende Mensch. Wenn die Nachkommen der Wikinger in Rudeln von der Jagdleidenschaft gepackt auf die Pirsch gehen, ist Vorsicht geboten. Die Jagdunfälle haben derart zugenommen, dass von den Behörden restriktive Sicherheitsmaßnahmen erlassen wurden. Wenn man abends im Wald oder auf einer Lichtung einigen Menschen in orangefarbenen Westen begegnet, kann es sein, dass dieser Trupp von Leuten dem „König der Wälder“ nachstellt, um ihn nach erfolgreicher Jagd in die Pfanne zu hauen oder in die Tiefkühltruhe zu befördern.

Wer's gemütlich und ungefährlich mag, der unternimmt eine „Elg-Safari“. In der Nähe von Kristiansand gibt es die Möglichkeit, mit einem Kleinbus das Nationaltier der Norweger in freier Natur zu beobachten. Hier gibt es den höchsten Elchbestand Skandinaviens und man kann ziemlich sicher sein, dem König der Wälder ganz nahe zu begegnen. Mit ein bisschen Glück erwischt man ihn in einem flachen Gewässer stehend, seine Liebligsspeise Wasserpflanzen genießend.

Es ist noch nicht lange her, da lebten in Norwegen Bären, Vielfraß und Wölfe. Neuerlich hört man, dass hin und wieder ein Wolf gesichtet worden sei, der den Weg aus

Füchse sind im Norden sehr verbreitet. Dieser Rotfuchs genießt die letzten herbstlichen Sonnenstrahlen vor seinem Bau

Russland über die ehemals streng gesicherte Grenze gefunden hat. Rentiere wurden nicht gezüchtet, sondern lebten wild in großen Herden. Während die vorgenannten Raubtiere in Norwegen nahezu ausgestorben sind, gibt es in der Hardangervidda, einer unwirtlichen Hochebene, die teilweise von ewigem Eis bedeckt ist, die letzten wild lebenden Rentiere in Europa. Eine große Herde mit etwa 15.000 Tieren.

Lemminge sind bekannt wegen ihrer Massenwanderungen, die angeblich mit einem Absturz der Tiere ins Meer enden. Es handelt sich um kleine Nager, die ähnlich einem Hamster hellbraun sind, teilweise einen schwarzen Streifen auf dem Rücken haben und etwa zehn bis zwölf Zentimeter lang werden. Diese Kleinsäuger haben ein warmes, wasserdichtes Fell und sind perfekt an das Leben im subarktischen Klima angepasst. Ihr ausgesprochen reges Sexualleben hat zur Folge, dass sie sich zeitweise geradezu explosionsartig vermehren. Drei- bis viermal jährlich kommen mehrere Junge zur Welt. Dies führt zu einer Verknappung der Nahrung und der Einengung des Lebensraumes. Dann wimmelt es geradezu von Lemmingen auf den Almen und im Fjell. Obwohl während einer solchen Periode die Geburtenrate wieder radikal sinkt, kommt es nach etwa zehn bis zwölf Jahren erneut zu einem Massenaufkommen der Tiere.

Auf der Suche nach Nahrung und Lebensraum machen sie sich in großen Gruppen auf den Weg. Sie marschieren immer geradeaus. Jedes Hindernis wird genommen, Flüsse und Seen werden durchschwommen. Erreichen sie das Meer, bedeutet dies unweigerlich das Ende der manchmal sehr langen Wanderung. In ihrem Drang geradeaus zu marschieren, kommen sie zwangsläufig irgendwann an die Küste und fallen regelrecht von den Klippen, um letztlich zu ertrinken.

Dieser Zyklus hat Einfluss auf die gesamten Nahrungsbeziehungen in der Subarktis. Vögel und Raubtiere, die sich von Lemmingen und Mäusen ernähren, erleben ein Schlaraffenland und richten ihr eigenes Fortpflanzungsverhalten entsprechend aus. Und warum freuen sich die Jäger? Nun, in den Jahren, wenn es zu Massenwanderungen kommt, stellen Greifvögel, Polarfüchse und Marder ihre Ernährung auf Lemminge um. Deren Lieblingsspeise sind normalerweise Vogeleier, speziell die Eier der Schneehühner. Viele der Eier, die normalerweise den Eierdieben zum Opfer gefallen wären, werden dann ausgebrütet. Die Folge ist, dass die Schneehuhndichte sprunghaft ansteigt und es wesentlich mehr Schneehühner gibt, die es zu bejagen gilt.

Ein weiteres, noch nicht geklärtes Phänomen der Natur ist, dass während der „Lemmingjahre" Schnee-Eulen aus mehr als 1.000 Kilometer Entfernung aus der Arktis ins Fjell kommen, um an dem Festmahl teilzuhaben. Wer sie mit den nötigen Informationen versorgt hat, bleibt ihr Geheimnis. Vielleicht fallen während der Gewitter ja doch die Lemminge vom Himmel, und die Schnee-Eulen sind ihnen begegnet.

Lemming, gehört zu der Gruppe der Wühlmäuse und tritt periodisch in Scharen auf. Sein Verbreitungsgebiet ist der Norden Europas, Asiens und Nordamerikas

Der Sommer der Disteln

Auch der Sommer der Disteln hat in der Erde verborgen gelegen
In blinden Samen hat sie gelegen, ein schlafender Gedanke nur – die Blütenkrone.

Doch eines Tages schlägt auch der Sommer der Disteln aus auf der Erde,
und Storchenscharen gleich recken sie ihre langen Hälse empor
entlang der Gräben und Fluren, steif hörend, abwartend,
singend vor Leben mit allen ihren Fasern und Gefäßen.
Heute, heute ist unser Sommer gekommen,
erträumt in der Tiefe des Herzens Gottes.

Öffne deine Augen, Distel, dein Tag ist gekommen.
Lass' dein ärmliches Kleid dich nicht beschämen.
Die Hummeln erwarten dich und die Libellen und auch die frohen Frösche in den Gräben.
Denn auch du hast ein Licht zu tragen, mild wie Tieraugen:
Geduld.

Rolf Jacobsen

Tistlenes Sommer

Også tistlenes sommer har ligget gjemt i jorden.
I blinde frø har den ligget, en sovende tanke,
den blå krone.

For en dag slår også tistlenes sommer ut over jorden,
som storkeflokker strekker den opp sine lange halser
langs veiter og mark, stivt lyttende, ventende,
syngende av liv i alle fibre og kar, i dag, i dag
er vår sommer kommet, drømt i Guds hjertes dyp.

Lukk opp dine øyne tistel, din dag er inne.
La ikke dine fattige klær beskjemme dig.
Humlene venter dig, og øyenstikkerne, og de glade frosker i grøftene,
for også du har et lys å bære, mildt som dyreøyne:
tålmodighet.

Rolf Jacobsen

Die Moschusochsen vom Dovrefjell

Schnee- und eisbedeckt, auch im Sommer, beherrscht die Snøhetta mit ihren 2286 Metern Höhe das Dovrefjell. Nur an wenigen Tagen im Jahr ist der Gipfel zu erkennen. Meist ist er in dichten Nebel gehüllt

Zwischen Dombas und Oppdal gibt es das Dovrefjell, eine einzigartige Gebirgslandschaft. Der höchste Berg ist die Snøhetta mit einer Höhe von 2.286 Metern. Neben einer vielfältigen Pflanzenwelt leben hier Luchse, Bergfüchse, Schneehühner sowie Schnee-Eulen und deren Hauptnahrungsquelle, die Lemminge. Diese auch heute noch teilweise regelrecht menschenfeindliche Wildnis wurde 1974 zum Nationalpark erklärt, um die Tier- und Pflanzenwelt zu schützen. Sie erstreckt sich über etwa 270 Quadratkilometer. Kristallklare Flüsse, Seen und Steinwüsten sowie dicht bewachsene Hochebenen, Moor- und Gletscherlandschaften erinnern an eine Zeit vor unserer Zeit.

Bekannt jedoch wurde das Dovrefjell durch die hier domestizierten Moschusochsen. Diese urzeitlich anmutenden weitläufigen Verwandten mit Schafen und Ziegen werden etwa 1,50 Meter groß und sind im arktischen Raum zu Hause: in Nordamerika, in Sibirien und in Grönland. Knochen- und Fossilienfunde in Skandinavien zeugen davon, dass diese wolligen Tiere während der letzten Eiszeit auch hier gelebt haben. 1977 fanden Wissenschaftler in Schweden einen gut erhaltenen Schädelknochen. Aufgrund der Klimaveränderung und der Erderwärmung verließen die Tiere jedoch den skandinavischen Raum wieder und zogen in kältere Gefilde.

Das Klima im Dovrefjell ist ausgesprochen rau. Die „grüne Jahreszeit" hält lediglich drei Monate an. Während sechs Monaten herrscht Winter. Im Januar/Februar sinkt die Temperatur oftmals unter minus 40 Grad. 1932 importierte man die ersten zehn Moschuskälber aus Grönland und versuchte sie hier heimisch zu machen. Diese Bemühungen waren von erheblichen Rückschlägen begleitet. Ein Lawinenabgang im Jahre 1935 begrub fünf Tiere. Bis 1953 wurden weitere 27 Kälber eingeführt, von denen lediglich zehn überlebten. Doch diese akklimatisierten sich in ihrer neuen Heimat und sorgten dafür, dass die

Kennzeichnend für den Moschusochsen sind die dicke Stirnplatte und das braune, zottelige Fell, das an den Seiten fast bis zum Erdboden herunterhängt. Wiederkäuend ruht sich dieser Bulle aus und genießt die späte Herbstsonne. Einen Tag später verhüllt bereits eine geschlossene Schneedecke die Landschaft. Sie wird das Land sechs Monate nicht freigeben

Herde sich vergrößerte. Zwölf Tiere erlagen 1978 einem Blitzschlag und sechs Tiere einem tödlichen Parasitenbefall. 1971 sollen fünf Tiere nach Schweden „ausgewandert" sein. Heute zählt man im Dovrefjell etwa 100 Moschusochsen. Es gibt erste Bestrebungen, die Population künstlich, das heißt durch Abschuss, zu regulieren, weil das Gebiet um die Snøhetta für diese Anzahl von Tieren vorgeblich nicht ausreicht, zumal sie hier keine natürlichen Feinde haben.

Unermüdlich wandern die Moschusochsen in Gruppen bis zu zehn Tieren umher und bewegen sich normalerweise auffallend langsam. Auf diese Weise sparen sie Energie für den langen Winter. Lediglich, wenn Gefahr droht, bewegen sie sich etwas schneller.

Auffallend ist das Sozialverhalten der Gruppe. Bei drohender Gefahr, etwa durch Bären oder Wölfe, drängen sich die Tiere dicht zusammen und bilden einen Kreis. In dessen Mitte stehen die Jungtiere und werden so gegen Angriffe von außen geschützt. Die ausgewachsenen Moschusochsen stehen mit dem Kopf nach außen und wehren den Gegner mit ihrem spitzen Gehörn und der dicken Hornplatte an der Stirn ab. Nur Wölfe, die bekanntlich im Rudel jagen, haben die Chance, dass ein Gruppenmitglied unter der ständigen Belagerung ermüdet und einen Fehler macht.

nähe verboten, um eine erneute Überfischung zu vermeiden.

Die meisten der gefangenen Fische wandern aber nicht in norwegische Kochtöpfe. Vielmehr werden diese an der frischen, kalten Luft getrocknet um als Stockfisch (tørrfisk) nach Südeuropa, speziell nach Italien verfrachtet zu werden. Bevor es jedoch soweit ist, schneidet man die Fische auf (rundfisk) und entfernt Innereien und Köpfe, dann werden sie auf haushohen Holzgestellen (hjeller) getrocknet. Manchmal werden die Fische auch noch wie früher auf den Felsen zum Trocknen ausgelegt (klippfisk). Eine weitere Möglichkeit, die Meeresfrüchte haltbar zu machen, ist, sie in Fässer einzulegen und einzusalzen (laberdan).

Für Südeuropäer ist tørrfisk eine Delikatesse. Dort steht traditionell luftgetrockneter Kabeljau von den Lofoten auf dem Speiseplan. Nun, wer als Tourist einmal Stockfisch probiert, kommt nicht immer zu der gleichen Meinung.

Wer das raue Leben der Fischer am nördlichen Polarkreis einmal aus nächster Nähe kennen lernen möchte, kann auf einem der Boote anheuern und an deren aufregendem Leben teilhaben. Allerdings sollte man sich auf eine anstrengende „Reise“ einstellen. Bei Temperaturen um den Gefrierpunkt und Schneestürmen um Windstärke acht wird einem im wahrsten Sinne des Wortes alles abverlangt. Nichts für schwache, zu Seekrankheit neigende Naturen. Die sollten lieber von Land aus ihr Anglerglück versuchen.

Die südlichste Lofoteninsel ist die Insel Røst. Sie ist nur von wenigen Menschen bewohnt. Dafür kann man hier eine ziemlich einmalige Delikatesse genießen. Möweneier, frisch aus dem Nest, das sich auf der Fensterbank der Pension befindet.

An schönen Wintertagen zeigt sich die Sonne bereits mehrere Stunden. Fjorde, Berge und Wasser werden in ein schwaches, unwirkliches Licht getaucht

Gouvdageaidnu – Kautokeino

Kalt und menschenfeindlich zeigt sich der Winter in Lappland. Nur wem es gelingt, sich an die extreme Kälte anzupassen, hat eine Chance zu überleben

Anfang April ist es in Lappland zwar noch Winter, aber bereits hell. Die Temperaturen sind noch winterlich, jedoch im Gegensatz zu der beißenden Kälte, die im Winter nicht selten minus 40 Grad erreicht, ist es um diese Zeit erträglich. Oftmals liegen die Temperaturen tagsüber nur wenige Grade unter dem Gefrierpunkt, während es nachts noch empfindlich kalt wird.

Die Einheimischen sprechen dann bereits von Frühling, weil die dunkle Jahreszeit zu Ende ist und man sich im Freien aufhalten kann. Bevor die großen Rentiertrecks beginnen, treffen sich die Sami, wie die Samen sich selbst nennen, in Guovdageaidnu (Kautokeino) um zu feiern. In der roten Holzkirche begehen sie das Osterfest, Taufen und andere Familienereignisse.

Anlässlich dieses Festes findet ein Kulturfestival mit Theater, sportlichen Veranstaltungen und Abenden statt, an denen Joiks, die ursprünglichen Gesänge der Samen, vorgetragen werden, und vor allem gibt es die spektakuläre Weltmeisterschaft mit den Rentierschlitten. Die Samen, so die deutsche Bezeichnung, tragen ihre farbenprächtigen Trachten zur Schau und der sonst eher menschenleere Ort wird zu einem fröhlichen Treffpunkt von Menschen vieler Nationen, die vom Leben der letzten Nomaden in Europa mehr wissen möchten. Es ist nicht einfach, etwas über die samische Geschichte und die traditionellen Lebensweisen zu erfahren.

Man braucht schon etwas Zeit, um mit den Einwohnern in Kontakt zu kommen. Dies liegt einerseits an der natürlichen Zurückhaltung der Bewohner hoch im Norden Europas, andererseits an den sprachlichen Problemen. Bevor die Kinder Norwegisch erlernen, übernehmen sie von ihren Eltern die herkömmliche samische Sprache. So kennt bereits jeder Fünfjährige alle wichtigen Wörter über die Rentierzucht. Er kann die Tiere nach Aussehen, Farbe, Geschlecht, Gehörn und was sonst noch wichtig

Während des Winters herrscht Finsternis im äußersten Norden Europas. Aber im Februar steht die fahle winterliche Sonne schon für mehrere Stunden am Himmel. Freilich ohne die ersehnte Wärme zu schicken

ist unterscheiden, um ein erfolgreicher Rentierzüchter zu werden, noch bevor er die norwegische Sprache erlernt. Norwegisch ist zwar die offizielle Landessprache, aber untereinander wird Samisch gesprochen. Neun samische Dialekte gibt es, wobei auch diese einem ständigen Wandel unterliegen. Der Unterschied zwischen dem Nordsamischen und dem Südsamischen ist etwa so groß, wie der Unterschied zwischen zwei Ländern. Ohne einen Übersetzer ist es ausgesprochen schwierig sich zu verständigen, zumal, wenn man des Norwegischen nicht mächtig ist. Alle samischen Dialekte haben jedoch zwei Dinge gemeinsam: Die Wörter Landwirtschaft und Krieg sind unbekannt. Dafür gibt es etwa 80 Bezeichnungen für verschiedene Schneeverhältnisse.

Während eines Osterbesuches in Kautokeino lernte ich Johann und seine Familie kennen. Sie bewohnen ein gemütliches Einfamilienhaus in Maze, einer kleinen Ortschaft 70 Kilometer von Kautokeino entfernt. Nachdem das Geschenk übergeben und das Eis gebrochen war, zeigte sich die Familie außerordentlich gastfreundlich. Bereits bei meinem ersten Besuch wurden alle Verwandten und Freunde zusammengetrommelt, um den Besucher aus dem fernen Deutschland zu bestaunen. Zur Feier des Tages erschienen alle in ihren farbenprächtigen traditionellen Trachten.

Johann ist ein typischer Same. Seine Gesichtshaut ist von Wind und Wetter gegerbt, so als ob die raue Landschaft hier ihren Abdruck hinterlassen hätte. Er trägt eine braune Hose aus Rentierfell und die typischen, vorn spitz zulaufenden weißen Fellschuhe. An Feiertagen und zum Kirchgang zieht er seinen schneeweißen Pelzmantel aus Rentierfell an. Dazu trägt er stolz die hohe rot blau weiße Mütze, die kunstvoll mit bunten Bändern und Bordüren, Gold- und Silberfäden geschmückt ist.

Johann und die anderen Dorfbewohner betreiben in genossenschaftlicher Zusammenarbeit die Rentierzucht. Die Eigentumsverhältnisse sind so geregelt, dass jeder Mitinhaber der rund 3.000-köpfigen Herde seine eigenen Rentiere besitzt. Die Überwachung, die Pflege und der Trieb zu den Weiden erfolgt in gemeinschaftlicher Arbeit. Während die Nomaden des Nordens ehemals von der Rentierjagd lebten, hat sich mittlerweile die Zucht zu einem wichtigen, nahezu industriellen Wirtschaftszweig entwickelt. Der Rentierzüchter steht im Wettbewerb und das Nomadenleben geht mehr und mehr zurück.

Heute stehen statt der Rentierschlitten moderne Schneemobile vor der Tür. Mit ihnen kann jeder Ort in der Wildnis schnell und problemlos erreicht werden. Nur während der großen Trecks, wenn die Tiere von den Sommer- zu den Winterweiden und umgekehrt geführt werden, wird wie zu alten Zeiten unterwegs das dunkelgraue Zelt, die Kota, aufgebaut, um Schutz vor den Unbilden des Wetters zu finden und nach der schweren Arbeit wenigstens einige Stunden schlafen zu können.

Schon immer hat mich das Nomadenleben der Samen interessiert. Heute konnte ich jedenfalls aus erster Quelle mehr erfahren als aus all den Büchern und Geschichten, die ich bisher gelesen hatte. Viele dieser Informationen waren eher ernüchternd, als dass sie das romantisch verklärte Bild der Samen in Lappland bestätigt hätten.

Am meisten war ich jedoch daran interessiert, einmal mit den Rentierzüchtern auf ihren Motorschlitten hinaus zu den Herden zu fahren. Aber immer wenn ich versuchte das Gespräch in die gewünschte Richtung zu lenken, wurde ich seltsamerweise nicht verstanden, obwohl Johanns Sohn Kai, der die Hochschule besucht, sehr gut Englisch spricht und ein wenig Deutsch versteht. Vielleicht war das Vertrauensverhältnis doch noch nicht so ausgeprägt. Stattdessen wurde ich verpflichtet, die Nacht bei ihnen zu verbringen und zu schlafen. Es wurde sehr spät, und kaum lag ich im Bett und war gerade eingeschlafen, wurde ich geweckt. Es gehe jetzt los, wenn ich mitwolle soll ich mich beeilen. Ich verstand zwar nur die Hälfte, aber offenbar stand ein besonderes Ereignis bevor. Die ganze Familie war auf den Beinen. Schnell noch einen Schluck starken schwarzen Kaffee, und ehe ich mich versah, ging's los. Es würde wohl ein paar Tage dauern. Johanns Frau drückte mir ein Riesenpaket in die Arme. Darin sei alles enthalten, was ich für die nächsten Tage bräuchte. Ich bekam einen besonderen Anzug, dicke Unterwäsche und ahnte nach dem Anziehen all dieser Textilien, wie sich ein Bär fühlen musste, wenn er sich gerade vollgefressen hat.

Einst diente die Kota den Samen als Wohnung, wenn sie den Rentierherden folgten. Sie konnte in wenigen Minuten aufgebaut werden. Eine Feuerstelle in der Mitte sorgte für wohlige Wärme, selbst im kältesten Winter. Inzwischen wohnen die einstigen Nomaden in festen Holzhäusern. Nur bei der Rentierscheidung, wenn die Herden sich weitab vom Dorf befinden, wird die Kota noch aufgebaut

Typischer Schuppen in Lappland mit Räucherkammer und Trockengestell für das Rentierfleisch. Der Holzschlitten enthält keine Nägel oder Schrauben aus Metall. Die Holzteile aus nordischer Birke werden lediglich durch Streifen aus Rentierleder miteinander verbunden

Es war morgens 4.30 Uhr. Von draußen war der höllische Lärm der Schneescooter zu hören. Als wir hinausgingen, umfing uns eine eisklare Nacht. Es mochten wohl so 15 bis 20 Grad unter dem Gefrierpunkt sein. Der Himmel war nicht mehr ganz dunkel, so dass die nahende Morgendämmerung bereits zu erahnen war. Nach kurzer Einweisung in das Schneegefährt und dem Festzurren des Paketes waren acht Motorschlitten unterwegs in die winterliche Wildnis. Bereits kurz nach dem Start fand ich mich als Letzter der Kolonne wieder – aufgrund meiner Unerfahrenheit und der Angst, bei der nächsten Kurve umzukippen.

Die Rückleuchten des Scooters vor mir waren zwar ziemlich weit entfernt, aber gut zu erkennen. Erstaunlich schnell gewöhnte ich mich an den Umgang mit dem Motorschlitten, so dass ich die Gruppe um Johann nicht verlor. Es ist unglaublich, wie dick ich von Johanns Frau eingepackt worden war. Ich konnte mich kaum bewegen und malte mir aus, was wohl wäre, wenn ich durch irgendwelche Umstände gezwungen würde, von diesem Schlitten abzusteigen und mich auf andere Art weiterzubewegen. Sogar die untere Hälfte des Gesichtes war durch einen dicken Wollschal zugepackt, die Augen geschützt durch eine Schneebrille. Es war mir unangenehm heiß unter all der Kleidung. Oder war es die Aufregung und die Angst vor dem Ungewissen?

Wir mochten etwa eine Stunde unterwegs gewesen sein, die erste Aufregung hatte sich gelegt, die Angst vor dem ungewohnten Vehikel war gewichen. Langsam kam ich zu Verstand – und somit zu dem Ergebnis, ausgesprochenes Glück zu haben. Schließlich erfüllte sich ein lang gehegter Wunsch. Ein Traum, den ich seit meiner Kindheit immer wieder geträumt hatte, wurde

Wahrheit. Der Motor des Schlittens summte leise vor sich hin. Der Himmel hatte sich in ein zartes Rosa verfärbt. Die letzten Sterne verblassten und am Horizont zeigte sich eine rubinrote Sonne über der tief verschneiten Landschaft. Im Gegenlicht brach sich das Licht in den Eiskristallen und glitzerte wie Diamanten in allen Farben des Regenbogens. Die kalte Luft drang tief in meine Lungen, und rund um das Gesicht bildete sich eine dünne Schicht aus weißem Raureif. Ich spürte die beißende Kälte und dennoch fror ich nicht. War doch ganz gut, so dick eingepackt zu sein.

Hier oben im Fjell, in 500 Meter Höhe, ist die Natur äußerst karg. Es gibt nur noch einige wenige Krüppelbirken. Der Schnee ist nicht gleichmäßig hoch, vielmehr durch die Winterstürme teilweise meterhoch aufgeschichtet. Streckenweise ist der Boden leer gefegt, so dass die karge Vegetation zu sehen ist, Moose, von denen sich die Rentiere im Winter ernähren. Mit ihrem Geweih und den Hufen scharren sie den Schnee zur Seite und stehen mit den Vorderbeinen so tief, dass nur noch das hoch gestreckte Hinterteil erkennbar ist. Um diese Zeit ist es oftmals schwierig, an die Nahrung zu kommen. Die Schichten des Schnees sind durch Tauwetterperioden und durch die Sonneneinstrahlung verharscht, was das Vorwärtskommen der Tiere arg erschwert.

Die Motorschlitten zogen eine schmale Spur durch den Schnee. Zu beiden Seiten konnte man jetzt Spuren und aufgewühlten Schnee erkennen, Hinweise darauf, dass vor nicht allzulanger Zeit die Rentiere hier waren, um zu äsen. Aber solange ich auch Ausschau hielt, Rentiere konnte ich nicht entdecken. Langsam zog die Kälte in meine Füße. Es war etwa acht Uhr. Die Sonne stand jetzt über dem Horizont und die Farbe des Himmels verwandelte sich über ein fahles Violett über Orange zu Helltürkis. In der Ferne tauchte die Silhouette einer Kota auf. Unsere Scooterkarawane steuerte direkt darauf

Stolz trägt ein Same seinen wertvollen Silberschmuck am breiten Gürtel und vor der Brust

zu. Es dauerte aber noch etwa eine halbe Stunde, bis wir das Lager erreichten.

Bei der Kota angekommen erwartete uns bereits ein weiterer Same. Wortlos betraten alle das Zelt. Es war dick mit Birkenreisig ausgelegt, der wiederum mit braunen Rentierfellen abgedeckt war. In der Mitte brannte ein Feuer. Darüber hing an einem Strick ein großer, schwarzer Kochtopf, in dem eine Rentiersuppe kochte. Der Rauch des Feuers stieg senkrecht nach oben und entschwand durch eine Luke im offenen Dach der Kota. Der Rauch war beißend, so dass meine Augen zu tränen begannen. Weil keine Fenster vorhanden waren, lag alles im Halbdunkel.

Nachdem sich alle der dicksten Kleidungsstücke entledigt hatten, hockten sie sich rund um das Feuer und begannen schweigend zu essen. Mit einer großen Kelle holte sich jeder einen Becher Brühe aus dem Topf und dazu einige Stücke von dem darin kochenden Rentierfleisch. Mit sichtlichem Genuss schürften sie das Knochenmark aus und nagten das fette Fleisch von den Knochen. Dazu ließen sie sich die sicherlich sehr energiespendende Brühe schmecken. Ich hatte ebenfalls einen riesigen Hunger – schließlich hatte ich seit gestern Abend nichts gegessen – und so nahm ich mir wie die anderen Brühe und Fleisch. Aber nach dem ersten Bissen bereute ich das sofort. Ich habe in norwegischen und schwedischen Restaurants schon öfter Rentier gegessen und war jedes Mal über den guten Geschmack erfreut. Dies hier war aber etwas anderes. Das getrocknete und stundenlang weich gekochte Fleisch war einfach nichts für meinen Feinschmeckerkost-verwöhnten Magen.

Zwischenzeitlich hatte ich mich an das Halbdunkel des Zeltes gewöhnt und konnte die Menschen um mich herum erkennen. Johann hockte mir gegenüber und sein Sohn saß neben ihm. Die Rentierzüchter begannen langsam und zunächst sehr leise miteinander zu sprechen. Ich verstand kein Wort. Auch an den Gesten konnte ich nicht erkennen, worüber sie sprachen. Aber ich war froh, dass durch sie die Gespräche abgelenkt waren und meine „Appetitlosigkeit" nicht bemerkten. Ich fühlte mich ausgesprochen unbehaglich, zumal niemand in dieser Gesellschaft von mir Notiz nahm. Ich hörte, dass ein leichter Wind aufkam. Der Rauch im Zelt zog schneller ab, die Luft wurde klarer, aber auch kühler.

Im Zelt wurde es lauter. Offenbar war man sich über irgendwelche Dinge nicht einig. Zwischendurch wurde immer wieder Nachschub aus dem Kochtopf geholt, Fleisch gegessen und Brühe getrunken. Die abgenagten Knochen flogen in das Feuer. Ich versuchte mit Kai Verbindung aufzunehmen. Dieser war aber mitten

An besonderen Feiertagen und bei Familienfesten tragen die Samen ihre herkömmlichen, farbenfreudigen Trachten. Zum Rentierschlittenrennen (Renkappkjøring) in Kautokeino holt jeder sein bestes Stück aus dem Schrank und trägt es zur Schau. Kunstvoll gestalteter Gold- und Silberschmuck gehört ebenso dazu wie die bunten Halstücher

in einer heftigen Diskussion mit seinem Vater und dem rechten Nebenmann. Zwischenzeitlich wurde der Kochtopf erneut mit frischem, steif gefrorenem Fleisch gefüllt. Die Sitzung sollte also noch länger dauern.

Es war gegen Mittag, der Wind hatte noch etwas zugenommen, als Kai zu mir herüberkam um mich in das Vorhaben einzuweihen. Es stehe ein Wetterumschlag bevor. Die Rentiere müssten zusammengetrieben werden, damit man sie rechtzeitig über den Fluss bringen könne. Die Temperatur solle in den nächsten Tagen ansteigen, und da man nicht genau wisse, wie lange das Wetter so bleibe, habe man sich entschlossen, bald damit zu beginnen. Heute Nachmittag gehe es los. In zwei bis drei Tagen könne man nach Maze zurückkehren. Er empfahl mir, noch einmal Nachschlag zu holen und mich ordentlich satt zu essen. Möglicherweise gebe es in den nächsten 24 Stunden nichts. Ich begann an meinem Knochen zu nagen und trank einen kleinen Schluck der inzwischen kalt gewordenen Brühe, deren Geschmack sich währenddessen nicht verbessert hatte.

Kai erklärte mir, dass ich mich nicht fremd zu fühlen brauchte. Als Gast sei ich einer von ihnen und könne mich gleichberechtigt an dem Gespräch beteiligen. Auch wenn ich eine andere Meinung oder einen Vorschlag zu machen hätte, solle ich mich ruhig melden. Ansonsten könne ich in den nächsten Tagen beim Zusammentreiben der Rentiere helfen. Jetzt merkte ich eine kleine Schwäche in mir aufsteigen.

Am frühen Nachmittag wurde die Gesellschaft rege. Die Maschinen der Motorschlitten wurden angeworfen, und einer nach dem anderen verließ das Lager. Kai empfahl mir, stets in seiner Nähe zu bleiben, dann könne mir nichts passieren. Ich hatte den Eindruck, als ob es nicht mehr so kalt sei wie am Vormittag. Die Helligkeit blendete mich, obwohl der Himmel mittlerweile bewölkt war. Endlich ging es los in die endlose Schneewildnis und ich empfand ein ähnliches Gücksgefühl wie am Morgen. Die Sicht war nicht mehr so gut wie am Vormittag, der Himmel war hellgrau bewölkt und es war schwierig, teilweise unmöglich, die Trennlinie zwischen Himmel und Erde noch zu erkennen. Kai fuhr mit ziemlich hoher Geschwindigkeit hinter den anderen her, und ich hatte manchmal Schwierigkeiten ihm zu folgen. Dabei hatte ich noch Glück, da ich nur auf die Spuren meiner Vorausfahrer zu achten brauchte.

Solange man denken kann, leben die Samen von der Rentierjagd, der Zucht von Rentieren und dem Fischfang. Die Erfahrungen ihrer Väter und Vorväter haben sie gelehrt, sich in der Wildnis zurechtzufinden und zu überleben. Sie wissen, wie das Wetter wird, können die Himmelsrichtungen am Wuchs der Birken erkennen, selbst bei schlechtem Wetter können sie den Sonnenstand bestimmen und sich orientieren, um gegebenenfalls nicht von einem Schneesturm überrascht zu werden. Sie kennen ihr Land und dessen Natur in- und auswendig. Ihnen sind Überlebenstechniken bekannt, die der von der Zivilisation verwöhnte Mitteleuropäer längst vergessen und verlernt hat.

Etwa 40.000 Samen leben heute in Norwegen. Es ist noch nicht lange her, da folgten sie ihren Rentierherden quer durch ganz Nordeuropa. Ihr Lebensraum erstreckte sich von Kola, wo sie dem Fischfang nachgingen, bis hin nach Lappland, wo sie später von der Ren-Zucht lebten. Die Zivilisation war an den entlegenen Landstrichen im unwirtlichen nördlichsten Europa lange Zeit nicht interessiert. Die Finnmark war Niemandsland. Bis 1751 dann die Grenzen gezogen wurden. Die nordischen Staaten einigten sich auf deren allerdings noch recht ungenaue Festlegung. Eine Folge war, dass manche Samenfamilie von zwei Ländern gleichzeitig zwecks Steuererhebung zur Kasse gebeten wurde.

Durch diese Grenzfestlegung wurde den „zivilisierten" Staaten der Zugriff zu den Gebieten hoch im Norden ermöglicht. Die Ausbeutung der Natur war die Folge. Die Nutzung von Wasserkraft als Energiequelle, als umweltfreundlich hoch gelobt, führt durch den Bau von Staudämmen zu regelrechten Katastrophen. Die jahrtausendealten Wege der Rentiere werden versperrt und Weidegründe unter Wasser gelegt.

Der Scooter ist wirklich eine gute Erfindung. Dank des zuverlässigen Motors kamen wir schnell voran. Wie weit wir gefahren sind, ist nicht feststellbar, lediglich die Zeit, die für die Wegstrecke gebraucht wurde. Vereinzelt fielen Schneeflocken und ich war froh, eine Schneebrille zu tragen. Die Sicht wurde immer schlechter. Manchmal konnte ich meinen Vordermann

Vor der Kirche zu Kautokeino. Der Täufling ist in eine Tracht gehüllt und trägt die weißen Schuhe aus Rentierfell

nicht mehr sehen. Der Himmel und die verschneite Erde verschmolzen zu einer einzigen weißgrauen Fläche und es war schier unmöglich, Bodenwellen oder Schneewehen rechtzeitig zu erkennen.

Nun waren wir schon wieder Stunden unterwegs. Mein Magen meldete Hunger. Ich begann auf dem Skooter zu frieren. Plötzlich, völlig unerwartet machte der Schlitten eine Vollbremsung und ich flog kopfüber in den Schnee. Bei den schlechten Lichtverhältnissen hatte ich eine Bodensenke übersehen, und die Kufen des Gefährts hatten sich regelrecht in den Schnee gebohrt. Mit aller Kraft kroch ich aus dem tiefen, verharschten Schnee und verfluchte die dicke Bekleidung. Meine linke Schulter schmerzte höllisch. Trotzdem hoffte ich, nicht verletzt zu sein, denn sonst wäre mein Besuch bei den Rentieren hier bereits beendet gewesen.

Mit aller Kraft versuchte ich, den Schlitten wieder frei zu bekommen. Aber das Gerät war doch schwerer, als ich glaubte. Die Kolonne mit den anderen Motorschlitten war schon nicht mehr zu hören und zu sehen. Eine unheimliche Stille machte sich breit. Der Schneefall war zwischenzeitlich heftiger geworden, und die Sicht betrug nur noch wenige Meter. Außerdem wurde es langsam dunkel und ich fürchtete, Kai würde zu spät bemerken, dass ich verloren gegangen war und er mich in dem Schneetreiben nicht mehr finden würde. Andererseits vertraute ich auf die Ortskenntnis und die Erfahrung meiner Gastgeber. All meine Kraft reichte nicht aus, um den Motorschlitten wieder flott zu machen. Die Schmerzen in meiner linken Schulter wurden heftiger und ich bekam Angst.

Langsam wurde mir bewusst, dass ein Ausflug in diese Gegend mit Romantik absolut nichts zu tun hat, vielmehr erkannte ich zusehends, dass dieses Lappland für einen von der Zivilisation verweichlichten Mitteleuropäer ausgesprochen lebensfeindlich und gefährlich ist. Um hier zu überleben, muss man wohl auch hier geboren und aufgewachsen sein. Es war so still, dass ich den eigenen Pulsschlag hören konnte.

Plötzlich wurde die Stille durch ein inzwischen vertrautes und erwartetes Geräusch unterbrochen. Ein Schneescooter war zunächst nur zu hören und bald darauf konnte ich durch den treibenden Schnee auch schon die Lichter erkennen. Kai war gekommen um zu sehen, wo ich geblieben war. Er schaute zunächst zu mir und erkundigte sich nach meinem Wohlbefinden. Ich versuchte die Schmerzen in meiner Schulter zu verheimlichen, was mir freilich nicht gelang.

Den Schlitten hatte Kai mit wenigen Handgriffen wieder flott gemacht. Der Motor sprang sofort an und mein junger Freund wies mich an, ihm zu folgen. Wortlos setzte ich mich auf den Schlitten, Kai drehte eine Kurve und fuhr in entgegengesetzter Richtung ab. Ich rief ihm hinterher, dass dies die falsche Richtung sei. Die Motorengeräusche übertönten aber mein Rufen. Also blieb mir nichts anderes übrig, als hinterherzufahren. Ich war maßlos enttäuscht und deprimiert.

Inzwischen war es dunkel geworden. Die Nacht war pechschwarz und der Schneefall hatte noch zugenommen. Die Sicht war beängstigend schlecht. Nur im Scheinwerferkegel des Motorschlittens konnte man die Landschaft vor sich auf wenige Meter erkennen. Kai fuhr sehr langsam. Da ich mich nur auf das Rücklicht und die Spur meines Vordermannes zu konzentrieren brauchte, hatte ich den leichteren Part. Kai musste auch noch den richtigen Weg finden. Es war kurz nach Mitternacht, als wir die Kota erreichten, die wir am Nachmittag verlassen hatten. Der unbekannte Same kam aus dem Zelt und wies uns wortlos an hineinzugehen. Es brannte kein Licht im Zelt. Lediglich das Feuer in seiner Mitte verbreitete eine anheimelnde Atmosphäre. Der Suppentopf hing noch immer über dem Feuer und köchelte vor sich hin.

Wir setzten uns um das Feuer und Kai holte sich mit der Kelle ein Stück Fleisch und einen Becher Brühe aus dem Topf. Auch bei mir meldete sich ziemlich heftig der Hunger, und ich tat es ihm gleich. Die Brühe war heiß und kräftig, schmeckte dabei wesentlich besser als noch am Mittag. Mit großen, gierigen Schlucken trank ich meinen Becher leer und beide Zeltgenossen schauten mich dabei verständnislos an. Ich wollte schon wieder nachfüllen, als ich spürte, dass Übelkeit in mir hoch stieg. Mir wurde dermaßen und so schnell schlecht, dass ich Schwierigkeiten hatte, den Zeltausgang rechtzeitig zu erreichen. Draußen musste ich mich übergeben, und die schöne, kräftige Rentierbrühe wurde durch den Wind sofort in der Landschaft verteilt. Aus dem Zelt war lautes, herzhaftes Lachen zu hören.

Kai machte sich für den Abmarsch fertig und erklärte mir, dass es wohl besser sei, nicht zur Rentierherde mitzukommen. Die Wetterbedingungen seien zu schlecht und außerdem müsse meine Schulter versorgt werden. Daavi, so hieß offenbar der Hüter der Kota, würde sich um mich kümmern und, falls es länger dauern würde, mich mit den Rentieren auch wieder nach Guvdageaidnu zurückbringen. Dann verschwand Kai mit seinem Motorschlitten in der Dunkelheit.

Mir wurde kalt und ich begann jämmerlich zu zittern. Im Zelt begann Daavi, mich zu

Rentiere, auf der Wanderung, stets auf der Suche nach Futter. Dieses ist oft nur unter einer dicken, verharschten Schneedecke zu finden

versorgen. Er murmelte leise vor sich hin und ich verstand kein Wort. Trotzdem war mir stets klar, was er mir sagen wollte. Als Erstes füllte er einen Becher mit der gefürchteten Rentiersuppe und gab sie mir zu trinken. Allerdings nur einen kleinen Schluck und ein paar Minuten später einen weiteren Schluck. Jedes Mal sah er mich an und wartete die Reaktion ab. Seltsamerweise bekam mir das Getränk jetzt besser als bei den vorherigen Versuchen. Nachdem der Becher geleert war, fühlte ich mich kräftig und hungrig genug, um von dem Fleisch zu probieren. Daavi hielt mich davon ab und machte mir irgendwie klar, dass das für mich jetzt nicht gut sei.

Dann versorgte er meine schmerzende Schulter. Mit Geduld und sehr einfühlsam zog er mir die Oberbekleidung aus, um den Schaden zu begutachten. Er drehte an meinem Arm herum, tastete und befühlte die Schulter und kam wohl zu dem Ergebnis, dass es sich um eine harmlose Verletzung handelte. Dann rieb er mit Birkenreisern die Schulter ab und kühlte sie anschließend mit Schnee. Dabei beobachtete er mich ganz genau, um mich jedes Mal, wenn ich Schmerzen verspürte, sofort noch sanfter und einfühlsamer zu behandeln.

Die Kühlung tat meiner Schulter gut, und ich spürte Müdigkeit in mir aufsteigen. Daavi legte ein paar Holzscheite ins Feuer und gab zu verstehen, dass es Zeit zum Schlafen sei. Obwohl ich auf Rentierfellen lag und dick zugedeckt war, wurde mir einfach nicht warm. Es mag wohl vier Uhr gewesen sein und ich war hundemüde, fror erbärmlich und spürte den stechenden Schmerz in meiner Schulter. Der ersehnte Schlaf mochte sich aber nicht einstellen. Zu groß war wohl die Aufregung und die ungewohnten Erlebnisse des langen Tages gewesen. Immer noch blickte ich den aufstiebenden Funken hinterher, wenn Daavi ein paar Birkenscheite nachlegte.

Dann geschah etwas Sonderbares. Zuerst ganz leise, dann etwas lauter werdend begann

Ein wertvoller Mantel aus weißem Rentierfell wärmt nicht nur den Menschen. Das Renfell hat hervorragende Isoliereigenschaften. Es ermöglicht dem Tier, auch tiefe Temperaturen in freier Natur schadlos zu überstehen

Daavi vor sich hin zu singen. Es waren unverständliche Töne. Rhythmisch und melodisch nicht einzuordnen. Aber sein Lied zog mich sofort in seinen Bann. Oft hatte ich schon von den Joiks, den jahrhundertealten Gesängen der Samen, gehört. Diese für unsere Ohren fremde, unverständliche Musik ist ein wesentlicher Teil der Samenkultur. In ihr wird die Geschichte dieses Volkes an die Nachkommen weiter vermittelt. Das erste Buch in samischer Sprache wurde erst im 20. Jahrhundert geschrieben. Diese in Poesie und Melodie gefasste Form der Erzählung diente somit der mündlichen Überlieferung von Tradition und Brauchtum. Noch heute werden die Joiks von Generation zu Generation weitergegeben. Allerdings stets auf neue und der jeweiligen Person eigene Weise. Sie bedeuten Kommunikation und Kunst und dienten den Schamanen als Heilgesang. Von den fremden Eroberern missverstanden, waren sie zeitweise verboten. 1609 wurde das Singen der Joiks durch den dänischen König Kristian IV. mit der Todesstrafe belegt.

Eine seltsame, fast spirituelle Stimmung erfüllte die Kota. Daavi hockte auf seinem Rentierfell, schaukelte mit seinem Oberkörper vor und zurück, schaute in das Feuer und sein lauter werdender, melodischer und dennoch eintöniger Gesang zog jede Konzentration auf sich und machte andere Gedanken völlig unmöglich. Eben noch kalt, erfüllte mich dieser Gesang mit einer neuen, völlig ungewohnten Wärme und machte mich schläfrig. Ich wurde von einer angenehmen Müdigkeit erfasst, die mich 13 Stunden lang schlafen ließ.

Das alles ist jetzt schon viele Jahre her und die Zeit hat auch das Leben in der Finnmark verändert. Der ökonomische und technische Fortschritt hat auch diesen Landstrich erreicht. In

Kautokeino gibt es eine Fabrik zur Verarbeitung von Rentierprodukten. Kennzeichnete der Rentierzüchter früher seine Tiere dadurch, dass er ein bestimmtes Zeichen in das Ohr des jungen Tieres schnitt, um es als sein Eigentum auszuweisen, so sieht man jetzt immer öfter Rentiere mit bunten Clips im Ohr. Noch vor zehn Jahren reichten 300 Tiere aus, um eine Großfamilie zu ernähren. Heute braucht der Züchter mindestens 600 bis 700 Tiere. Die Renzucht wird nur noch von wenigen Samen betrieben.

Die Nachkommen Johanns sind selbstbewusster geworden. Sie versuchen, auch in der Politik mitzureden, indem sie samische Listen zur Wahl eines eigenen Parlaments (Sameting) aufstellen und um gegen ihrer Meinung nach unsinnige Modernisierungsprojekte zu protestieren. In den siebziger Jahren führten massive Proteste dazu, dass ein großes Staudammprojekt bei Alta, dem eine ganze Ortschaft zum Opfer fallen sollte, zumindest verändert wurde. Es gibt Zeitungen in samischer Sprache, Rundfunk und alle modernen Kommunikationsmittel. Der erste Samische Film „Pathfinder“ wurde für den Oscar vorgeschlagen. Dieses Streben nach eigener Identität symbolisiert die Samiflagge. Sie soll den alten „Heiligen Kreis“ in die moderne Zeit tragen.

Und was ist aus Johann und den anderen geworden? Nun, Johann hat seinen Anteil an der Herde verkauft. Seine Frau starb vor einigen Jahren und liegt auf dem Friedhof der Kirche zu Gouvdageaidnu begraben, in der sie geheiratet haben. Der Sohn Kai wurde hier getauft und konfirmiert. Er hat sein Studium absolviert und dann geheiratet. Sein Vater hat ihm in Tromsø ein Feinschmeckerrestaurant gekauft und ist zu ihm in die Stadt gezogen. Sein Haus steht verwaist in der kleinen Samensiedlung.

Daavi wohnt noch immer in Maze. Er war nie verheiratet und besaß kein Eigentum an einer Herde. Er lebt mit seiner alten Mutter in einem kleinen, rot angestrichen Holzhaus in der Hochebene. Nur selten kommen Fremde hierher. Ich habe ihn öfter besucht und es entwickelte sich so etwas wie eine Freundschaft. Daavi lernte ein bisschen Deutsch und ich ein paar wenige Sätze Norwegisch. Zu Ostern singt er in der großen Konzerthalle in Gouvdageaidnu vor vielen Besuchern seine Joiks, und die in- und ausländischen Gäste lauschen andächtig seinem Gesang.

Am schönsten freilich ist es, bei ihm im Hochsommer vor dem Haus zu sitzen und von alten Zeiten zu träumen und zu schwärmen, ihn wie damals in der Kota wortlos zu verstehen. Dann erstehen sie wieder, die alten Erinnerungen. Eine ist dabei besonders wichtig: dass Daavi einen deutschen Touristen mit gebrochenem Schlüsselbein ins Krankenhaus nach Karasjok

Die rote Holzkirche aus dem Jahre 1958 in Gouvdageaidnu. Die alte Kirche aus dem Jahre 1703 wurde 1944 zerstört

Das Holzgerüst einer Kota im violetten Licht eines kalten Winterabends. Es erinnert an die Zeit, als die Samen noch Nomaden waren, als es noch Fisch im Überfluss gab und Pelztiere wie Hermeline, Marder, Wölfe und Vielfraß in die Fallen gingen. Als das Land noch Gemeischaftseigentum war und es keiner Demonstration bedurfte, die Natur und damit die eigenen Lebensgrundlagen zu erhalten. Ein Kampf, der verloren wurde. Es erinnert an eine Zeit, als Mensch und Natur noch im Gleichklang miteinander lebten

gebracht hat, in acht Stunden mit dem Scooter durch die Finnmark. Wenn dann die Mitternachtssonne glutrot sinkt und kurz vor der Berührung mit dem Horizont umkehrt um den neuen Tag zu begrüßen, und wenn Daavi zur Freude seines Gastes einen Joik singt, dann bleibt die Zeit einen winzigen Augenblick stehen.

Die Felszeichnungen von Alta

Die ältesten Zeichnungen befinden sich 26 Meter über dem Meeresspiegel des Altafjordes. Hier findet man Abbildungen und in den Sandstein gravierte Zeichnungen, die ehemalige Bewohner der Gegend in ihrer Umgebung darstellen

In Frühjahr des Jahres 1973 wurden in der kleinen Ortschaft Bossekop in der Nähe von Alta seltsame Zeichnungen entdeckt. Sie waren in den Fels geritzt und auf dem grauen Sandstein kaum von den natürlichen Verwitterungen und den alten Flechten zu unterscheiden. Bei genauer Betrachtung und mit viel Phantasie waren jedoch Menschen und Tiere zu erkennen.

Die Untersuchungen ergaben, dass die etwa 450 Zeichnungen Szenen aus dem täglichen Leben ehemaliger Bewohner der Gegend darstellten. Die Bilder, mit steinzeitlichem Werkzeug im Fels verewigt, zeigten Menschen bei der Jagd, beim Fischfang, Tiere in ihrer Umgebung sowie Werkzeuge und Gebrauchsgegenstände. Es handelte sich um den wohl wichtigsten Fund steinzeitlicher Kunstwerke in Norwegen. Inzwischen konnten bei Alta 2.500 bis 3.000 solcher Felszeichnungen (Hellerstninge) freigelegt und weitestgehend konserviert werden. Die Entstehung dieser Zeichnungen liegt etwa 2.500 bis 6.000 Jahre zurück. Sie wurden mit einer speziellen Schlagtechnik in den Stein geritzt und sind meist nicht einmal einen Millimeter tief. Von dem Künstler wurden sie seinerzeit, bei ihrer Entstehung, eingefärbt. Dies ist anhand einzelner Funde nachgewiesen. Heute sind die meisten Bilder mit einer speziellen, hellbräunlichen Färbung nachgezogen, damit sie für den Betrachter gut zu erkennen sind.

Ein Teil der alten Zeichnungen liegt allerdings unterhalb des Meeresspiegels im Wasser des Altafjordes. Es handelt sich hierbei um die jüngsten bei Alta gefundenen Kunstwerke aus der Steinzeit. Die Bilder wurden immer in Höhe des Meeresspiegels in den Stein geritzt. Eiszeit, Gletscher, Hebungen und Senkungen des Landes sorgten dafür, dass die ältesten Zeichnungen heute weit oben zu sehen sind, während die Zeichnungen in Richtung Meer immer jünger werden. Die jüngsten befinden sich unterhalb des Meeresspiegels und sind nicht zugänglich.

Rentiere sind besonders häufig dargestellt. Hier ist sogar ein Zaun zu erkennen, dessen Sinn und Zweck noch nicht eindeutig belegt ist. Vielleicht wollte man den Rentieren den Weg versperren um auf diese Weise die Jagd zu erleichtern

Eindeutig zu erkennen, dass die Jagd auf Elche ein wesentliches Element im Leben der Menschen am Alta-Fjord war

Die Menschen der Steinzeit, die weit oberhalb des nördlichen Polarkreises lebten, waren also nicht nur Sammler, Jäger und Fischer, sondern auch Künstler. Vielleicht wollten sie auch nur der Nachwelt von ihrer Zeit, von ihrem Leben am Fjord etwas überliefern. So wissen wir heute, dass sie in kleinen Gemeinschaften von etwa 25 bis 30 Personen lebten. Grasbedeckte Erdhütten waren ihre Wohnungen. Zu ihrer Jagdbeute zählten Bären, Elche und Rentiere. Von Booten aus Fellen und Leder fischten sie damals bereits mit Angeln und Netzen.

Dies und noch viel mehr Informationen haben die Steinzeitkünstler mühevoll und mit einfachsten Mitteln in die Felsen geritzt und uns so überliefert. Sie ermöglichen uns einen Einblick in Lebensweisen einer alten, geheimnisvollen Welt.

Seit 1985 gehören die Felsbilder von Alta zum „Welt-Kulturerbe" der UNESCO und unterliegen damit einem besonderen Schutz. Bei den Olympischen Spielen in Lillehammer waren sie Grundlage bei der Erstellung der Piktogramme und Wegweiser, und die Besucher trugen Reproduktionen dieser Zeichnungen in alle Welt.

Seit 1991 gibt es in Alta ein wunderschönes, preisgekröntes Museum. Es befindet sich direkt neben der E6, bei den berühmten Felsbildern. Nimmt man sich einen halben Tag Zeit, erhält man einen eindrucksvollen Einblick in das Leben der älteren Steinzeit (10.000-4.200 v. Chr.), über Krieg und Frieden in der Finnmark bis zum Streit über den Ausbau des Alta-Kautokeino-Gewässers.

Leben am Fluss. So wie hier am Altaelva mag das Leben hier einst ausgesehen haben. Doch die grasbedeckten Torfhütten sind längst festen Holzhäusern gewichen und die Boote aus Holz modernen Fischerbooten mit Außenbordmotor

Am Nordkap

Das nördlichste Ende Europas wird jährlich von etwa 200.000 Touristen besucht. Damit gehört es zu den beliebtesten Reisezielen. Irgendwie zieht dieser kahle Felsen mit seinen 307 Meter Höhe über dem Meeresspiegel die Menschen aus dem Süden magisch an, obwohl er die meiste Zeit grau in einer Wolkenschicht versteckt ist.

Tatsächlich kommen die Besucher hierher um zu erleben, wie die Mitternachtssonne glutrot über dem Meer einfach nicht untergehen will. Sie möchten erleben, wie der rote Ball kurz vor dem Eintauchen ins Meer die Richtung ändert und mit geheimnisvollem Licht den neuen Tag beleuchtet. Dies gilt zumindest für die Zeit von Mitte Mai bis zum 31. Juli. Dann geht die Sonne am Nordkap nicht unter.

Genau genommen ist die Bezeichnung „Nordkap" eher eine Mogelpackung. Weit nördlicher liegt die Insel Spitzbergen. Beschränkt man sich nur auf das Festland, befindet sich der nördlichste Punkt Europas beim Knivskjelodden ebenfalls auf der Insel Magerøya, und zwar 71° 11 '8" nördlicher Breite, während sich das Nordkap auf 71° 10' 21" nördlicher Breite befindet.

Das tut dem Erlebnis freilich keinen Abbruch. Und wer denkt schon an so was, wenn man nach 3.000 Kilometern Autofahrt endlich das Ziel einer weiten Reise erreicht hat und die Gelegenheit, bei schönem Wetter einmal eine ganze Nacht lang die Mitternachtssonne zu beobachten.

Eine Liebeserklärung

Vor vielen Jahren reiste ich zum ersten Mal nach Norwegen. Auf Anhieb war ich begeistert von diesem wunderbaren Land, dass bis in den äußersten Norden Europas reicht. Zwischenzeitlich habe ich das Land der Fjorde, der Rentiere, der Sagen und Trolle viele Male besucht. Aus der Begeisterung ist inzwischen eine stille Liebe geworden. Deshalb zieht es mich immer wieder dorthin.

Dann geht es mir nicht anders als den meisten Norwegenbesuchern, die einmal im Fjell gewandert sind oder sich von der mystischen Stimmung einer Stabkirche an einem Fjord gefangen nehmen ließen.

Fragt man nach den Gründen, erhält man die unterschiedlichsten Antworten. „Norwegen kann man nicht erklären. Man muss dort gewesen sein um es zu verstehen.“ – „Es ist die Stimmung, die Landschaft, die Gletscher, die Freiheit.“ – „Wer einmal in Norwegen war, ist von dem Licht geradezu verzaubert.“ – „Die Menschen sind zurückhaltend und fröhlich, gastfreundlich und stets hilfsbereit.“

Die meisten „Norwegenfahrer“ nannten mir drei Gründe für ihre Begeisterung: Die Natur ist geradezu grandios. Fjorde, Gletscher, Berge und unzählige Wasserfälle. Es gibt Tiere in freier Wildbahn, die es nur hier zu sehen gibt. Elche, Rentiere, Moschusochsen, ja selbst Eisbären können mit Geduld und etwas Glück ganz aus der Nähe beobachtet werden.

Die frohe Natürlichkeit der Menschen. Jedes Jahr begehen die Norweger am 17. Mai ihren Nationalfeiertag. Tausende von Schulkindern ziehen Fähnchen und Fahnen schwenkend durch Oslo und am Schloss des norwegischen Königshauses vorbei. Völlig ohne jeden kommerziellen Anreiz feiern sie ihre Königsfamilie und damit sich selbst. Wo auf der Welt ist es schon möglich, dass die Schulabgänger noch vor dem offiziellen Festzug vor das Königshaus ziehen, Spottlieder auf die Obrigkeit singen und die so Verhöhnten sich königlich amüsieren und vor Vergnügen klatschen.

Das dritte und vielleicht wichtigste Argument freilich ist die Aussage der Naturliebhaber, der Maler und Fotografen. Es ist die Stille, die man hören kann, und das Licht, das verzaubert. Die Mitternachtssonne, aufsteigende Nebel in den Bergen, geradezu wunderbare Lichtverhältnisse, die sich ständig ändern und Trolle, Mondfeen und Wunderwesen vor den staunenden Augen des zivilisationsmüden Mitteleuropäers lebendig werden lassen.

So gesehen ist Norwegen ein Wunderland, das jeden Besucher, der sich noch die Sehnsucht nach einer gewissen Natürlichkeit erhalten hat, geradezu in seinen Bann zieht.

Viele Norwegenfreunde sind bereits nach ihrem ersten Besuch begeistert. Die meisten zieht eine stille Liebe immer wieder dorthin. Wenn man sie dann fragt …

Unendliche Ruhe legt sich bei Mitternacht über das Meer bei Andenes. Der lange Weg durch die Erdatmosphäre lässt das Licht der Sonne nur noch verzerrt und wirklichkeitsfremd erscheinen. Weit weg von den Sorgen und der Hetze des Alltags erliegt der Mensch der Verzauberung durch das Licht und die Stille. Vor dem großartigen Schauspiel der Mittenachtssonne wird er überwältigt von der Größe, von der Schönheit, aber auch von der Zerbrechlichkeit der Schöpfung. Meist nimmt er die wichtige Erkenntnis mit, dass diese Welt es wert ist, pfleglich behandelt zu werden. Schließlich soll sie eines Tages unbeschadet an die Nachkommen übergeben werden, von denen sie einst geborgt war

Land und Leute

Größe im qkm	384.346	Deutschland 356.950
Einwohner	4.473.000	Deutschland 82.000.000
Wachstumsrate	0,44%	
Einwohner/qkm	11	Deutschland: 230
Hauptstadt	Oslo	
Einwohner	500.000	

Verteilung der Bevölkerung im Land

	Stadt 74%
	Land 26%
Staatsform	Konstitutionelle Monarchie

Nördlichster Punkt (außer Spitzbergen)

Knivskjelodden	71° 11′ 8″ nördlicher Breite
Nordkap	71° 10′ 21″ nördlicher Breite

Entfernung Nordkap-Lindesnes		Luftlinie 1752 km
Gesamtlänge der Festland-Küste		21.465 km
Höchster Berg	Galdhøppigen	2.469 m
Längster Fjord	Sognefjorden	205 km

Höchste Wasserfälle

Sykkjedalsfossen	300 m
Tyssestrengene	300 m
Ringedalsfossen	300 m
Größter See	Mjøsa 362 qkm

Beliebteste Namen für Neugeborene (1999)

Mädchen	Ida, Silja, Marthe, Malin, Karolin, Ingrid
Jungen	Kristian/Christian, Marcus, Martin, Andreas, Sander

Quellen: Statistisches Zentralamt
Weekly Bulletin issue no. 4, 1999
Odin, Ministerium für Auswärtige Angelegenheiten

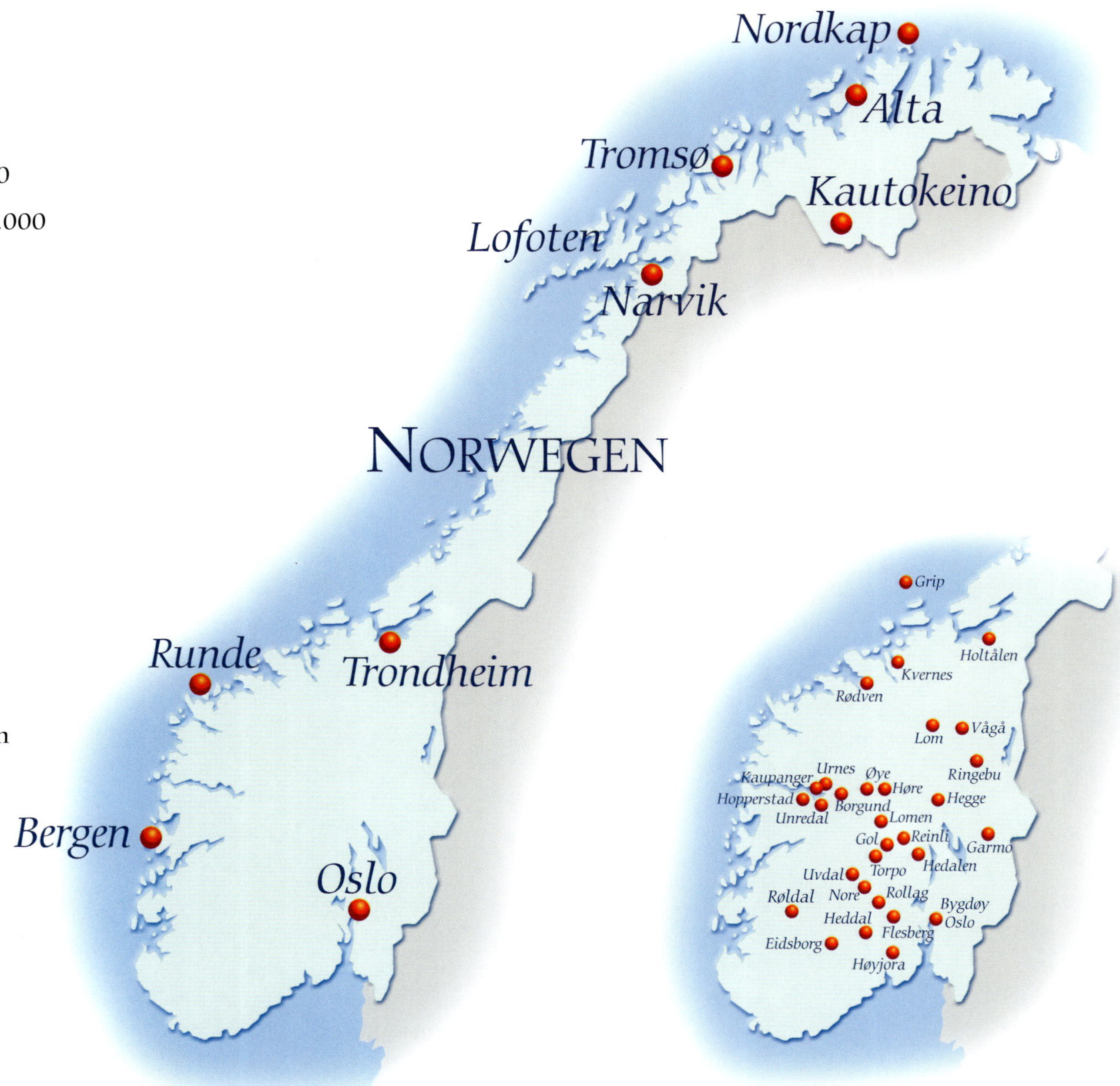

Stabkirchen in Norwegen

Danksagungen

Um ein solches Buch zu erstellen, bedarf es der Hilfe anderer Menschen. All denen, die mir bei der Realisierung dieses Projektes in irgendeiner Weise geholfen haben, möchte ich meinen Dank aussprechen. Die Reihenfolge ist rein zufällig.

Jon Strand, Oppdal
Heike Goertz und Ulf, Dormagen (DNF)
Ole Norum, Inndyr
Heini Hüsken, Hamburg
Johann Janson, Guovdageaidnu
Peter Pareliüsen, Runde Kafe, Runde
Gudrun Niemeier, Berlin (DNF)
Eldar Stein Flø, Feriesenter Flø, Ullsteinvik
Dieter Pilz und Gudrun, Marburg (DNF)
Knut Asle Goksöyr, Goksöyr Camping, Runde
Wolfgang Seerich, Oranien Verlag, Herborn
Menz Skirtne, Oppdal
Achim Weiß, City Foto, Herborn
Petra Petersen (DNF)

Literatur

Odd Mathis Hætta, Die Sámit, Ureinwohner der Arktis, Verlag: Daavi Girji o.s. / Odd Mathis Hætta 1995

Knut Helskog, Die Felsbilder von Hjemmeme-luft/ Jiepmaluokta, Alta Museum 1999

Roger Engvik, Fuglene vest ved haved Sunnmmørsposten, Ålesund 4. utgave 1993

Simen Bretten, Moskusfeed. Norges Dyr, Pattedyr 2, J.W. Cappelens Forlag AS, 1990

Eva Valebrokk, Thomas This-Evensen, Norwegische Stabkirchen, Boksenteret

Claus Ahrens, Die Stabkirche in Gol

Jón Pórisson, Die Götter der Wikinger. Auszüge aus der Snorra-Edda, Gudrun 1996

„Sehen Sie, so klein ist der Mensch.", Nord Troms Reiseliv AS

Wulf Ligges, Gerhard Eckert, Reinhold Dey, Norwegen, DuMont Buchverlag, Köln

Skandinavien
Time Life - Books B.V.

Reinhold Dey, Jörg Trobitzsch, Skandinavien, Umschau Verlag Breidenstein GmbH, Frankfurt am Main

Merian, Norwegen, Hoffman und Campe Verlag, Hamburg 1993

Nordis, das Nordeuropa- Magazin
Nordis - Verlag, Essen

GEO Spezial „Norwegen", Gruner + Jahr, Hamburg

Tone Wikborg, Gustav Vigeland's Skulpturen-park und Museum in Oslo, Normanns Kunst-forlag A/S - Oslo

Tone Wikborg, Gustav Vigeland, Aschehoug & Co 1992

Nils G. Lundh, Moskus, 1.utgave

The Golden Route, Geiranger og Stranda Reiselivslag, Stranda 1999

ODIN, The central web – server for official dokumentation and information from Norway

Weitere Bildbände aus dem Tecklenborg Verlag

Dr. Rainer Köthe
Nordische Impressionen
128 Seiten, 141 Farbbilder
Gebunden, 30 x 24 cm
DM 98,– / Best.-Nr. 449

Trotz ihrer geographischen Nähe zeigen die Länder Finnland, Schweden und Norwegen ihre ganz eigenen Charakterzüge. Das Bezaubernde an dieser in großen Teilen unbesiedelten Region ist die „Urlandschaft“, die eine Sehnsucht vieler Menschen nach einer unberührten Natur erfüllt. Vor allem die endlos scheinenden Wälder, schimmernden klaren Flüsse, grünen Lichtungen, steinigen Anhöhen und die von leuchtendem Weiß bedeckten, mächtigen Gletscher üben einen besonderen Reiz auf die Naturliebhaber aus. Die besten skandinavischen Naturfotografen dokumentieren diese berauschende Schönheit und nehmen uns in ihrem Bildband mit auf eine eindrucksvolle Reise in die Länder der Mitternachtssonne und des Polarkreises.

Michio Hoshino
ARCTIC ODYSSEE
132 Seiten, 110 Farbbilder
Gebunden, 31 x 22 cm
DM 78,– / Best.-Nr. 448

„Ich sah die Ankunft der Buckelwale in der offenen See. Ich bewunderte die Gletscher und durchstreifte die Urwälder Südost-Alaskas. Kurz vor Beginn eines neuen Jahrtausends scheint sich bei vielen von uns ein neues Bewusstsein einzustellen, das erkennt, wie weit sich der Mensch von der Natur und ihren Gesetzen entfernt hat. Durch meine Gespräche mit den Eskimos und den dortigen Indianern versuchte ich ihre Botschaft zu vernehmen, um unsere eigene Beziehung mit der Natur wiederzubeleben.“ So schreibt der japanische Naturfotograf Micho Hoshino in seinem Bildband über seine einjährige Reise in die Arktis. Dieses Buch ist gleichzeitig aber auch ein Vermächtnis des viel zu früh verstorbenen Hoshino.

Helfried Weyer
HURTIGRUTEN
144 Seiten, 122 Farbbilder
Gebunden, 28 x 24 cm
DM 78,– / Best.-Nr. 447

1893 erklärte sich eine Reederei mit dem Dampfschiff „Vesteraalen“ bereit, die norwegische Küste mit einem Postschiff im Sommer einmal wöchentlich zu befahren. Vergingen zuvor allein für die Zustellung eines Briefes Wochen, reduzierte sich dieser Zeitraum nun auf wenige Tage. Die Hurtigrute Bergen - Kirkenes, so wie sie der heutige Tourist erlebt, wird nunmehr seit 1914 regelmäßig befahren. Der Autor und Fotograf Helfried Weyer ist ein Kenner dieser Route und zeigt in seinem Buch berauschende Bilder von der sogenannten schönsten Seereise der Welt. Zerklüftete Küsten, tiefe Fjorde, mächtige Gletscher und über allem das Licht der Mitternachtssonne sind die faszinierenden Eckpfeiler dieser Seereise.

Helfried Weyer
ANTARCTICA
152 Seiten, 113 Farbbilder, 24 sw-Bilder
Gebunden, 30 x 24 cm
DM 98,– / Best.-Nr. 437

Einer der wenigen Orte, die noch den Zauber einer unberührten Natur vermitteln, ist die Antarktis. Klares Wasser, blau schimmerndes Eis und der weite Himmel über einer unendlichen, von Menschenhand unberührten Landschaft prägen das Bild dieses Ökosystems. Der Autor und Fotograf Helfried Weyer zeigt in seinem Buch nicht nur die berauschende Intensität der Eiswelt und der dort lebenden Tiere, sondern blättert darüber hinaus im Buch der Geschichte und berichtet über die Erforschung des weißen Kontinents. Die Namen Amundsen Scott oder Shackleton stehen auch heute noch stellvertretend für einen unerschrockenen Entdeckergeist. Ein Buch über eines der größten Abenteuer im ewigen Eis.